賢人の読書術

Makoto Naruke Shinnosuke Matsuyama Koichi Fujii
Takashi Nakajima Keiichiro Hirano

多読・精読の両輪で読書を習慣化。教養の高い人間を目指せ!

成毛 眞
Makoto Naruke
松山真之助
Shinnosuke Matsuyama
藤井孝一
Koichi Fujii
中島孝志
Takashi Nakajima
平野啓一郎
Keiichiro Hirano

Essential Tips for Surviving Modern Business
What You Should Think, Plan and Do to Become Successful

幻冬舎

もくじ

Chapter 3
本を読み、活かすための「インプット・アウトプット術」
藤井孝一

Chapter 4
デキる仕事人になるための「読書習慣術」
中島孝志

Chapter 5

ゆっくりじっくり本を読む「スロー・リーディング」の勧め

平野啓一郎

装丁　石川直美（カメガイデザインオフィス）
本文イラスト　山寺わかな
撮影　関野温
デザイン・DTP　株式会社明昌堂
取材・構成　株式会社ロム・インターナショナル
編集　鈴木恵美（幻冬舎）

成毛眞

ビジネス書やノウハウ本だけ読んでいたのでは、
ごくふつうの人生しか送れない。

ありとあらゆる分野の本を選び、
多読を心掛けることが大事である。

あらゆる動物のなかで、本を読むのは人間だけ。したがって、

本を読まずに自らを成長させ、
人生の成功をつかみ取ることはできない。

Introduction

賢人の言葉

本の目利きでも、期待ハズレな本をつかむことはある。だが、

本当にいい本との出逢いは
何割かの期待ハズレを許容させてくれる。

そして、そのハズレさえ、いつか役に立つことがある。

ネット書店が一般化してきているが、

思いがけない本との出逢いは
リアル書店でしか味わえない。

ネット書店とリアル書店をうまく使い分けたい。

松山真之助

藤井孝一

ビジネスパーソンが仕事で成果を挙げるには、
読書が欠かせない。

知識や情報が手に入るのはもちろん、論理的思考力や記憶力が向上したり、
感情をコントロールできるようにもなる。

本、特にビジネス書は「読んで終わり」では意味がない。

**仕事や生活のなかで実践して
はじめて意味をなす。**

Introduction

賢人の言葉

読書は時間の投資である。

人生の貴重な時間の一部を投資するわけだから、
何かしら成果(価値)が得られなくてはもったいない。

ビジネスパーソンは「知的消費型」の
読書で満足してはいけない。

「知的生産型」の読書、いわば読めば読むほど
お金が生み出されるような読書にすべきだ。

中島孝志

Introduction

賢人の言葉

読書を楽しく、有意義なものにするには

速読コンプレックスから解放されることだ。

手応えのある本を、時間をかけてゆっくり読むのである。

本当の読書とは、自分自身を表面的な知識で飾り立てるのではなく、

思慮深さや賢明さをもたらし、人間性に深みを与えるものである。

平野啓一郎

撮影：小嶋淑子

Chapter 1

大衆から抜け出すための「多読」の技術

成毛眞

1日24時間。これは賢者であっても凡人であっても変わらない。限られた時間のなかで大量の本を読み、斬新なアイデアを生み出し、他人に大きな差をつける。常識を覆す読書の仕方を提案する。

Makoto Naruke

1955年北海道生まれ。中央大学商学部卒業後、自動車部品メーカー、株式会社アスキーを経て、マイクロソフトに入社。1991年に同社代表取締役社長に就任する。2000年に退社後、投資コンサルティング会社インスパイアを設立。現在同社取締役ファウンダーのほか、早稲田大学ビジネススクール客員教授、書評サイトHONZ代表などを務める。

Essence 01

超並列読書術こそ究極の読書スタイル

仕事だけでなく人生も豊かになる

本を読むことが成功への第一歩

日本の社会は変わった。「一億総中流」と呼ばれていた時代はとうの昔に過ぎ去り、高収入層と低収入層の格差が拡大、中間層はやがて消滅するともいわれている。

そうした時代において仕事で成功し、豊かな人生を送るにはどうすればいいか。

ひとついえるのは、本を読まずして自身が成長し、人生に成功する方法などないということだ。実際、一流の経営者やビジネスパーソン、政治家、官僚は、みな例外なく大量の本を読んでいる。マイクロソフトの創始者であるビル・ゲイツも凄い量の本を読んでいる。つまり、本を読むことが成功への第一歩といえるのだ。

しかし、ただ本を読めばいいというものでもない。他人と同じようなビジネスのハウツー本ばかりを読んでいるようでは、せいぜい人並みの成功がやっとであり、「大衆」から抜け出すことはできない。大衆レベルの成功に満足せず、生き方に差をつけるなら、人と違う読書スタイルを実践するしかない。

人と違う読書スタイル——それが本章で述べる超並列読書術だ。

全ジャンルを同時・並列的に読む

超並列読書術では政治経済、科学、歴史、美術、日本の伝統文化などあらゆるジャンルからバランスよく本を選び、何冊も同時・並列的に読んでいく。

複数の本を同時に読むと内容が頭に入らないのではないかと疑念を抱く人もいるかもしれないが、そういう人は大衆のなかに埋もれていればいい。大衆的なことしかしない人はいつまでも大衆であり、大衆的な生活しか送れない。

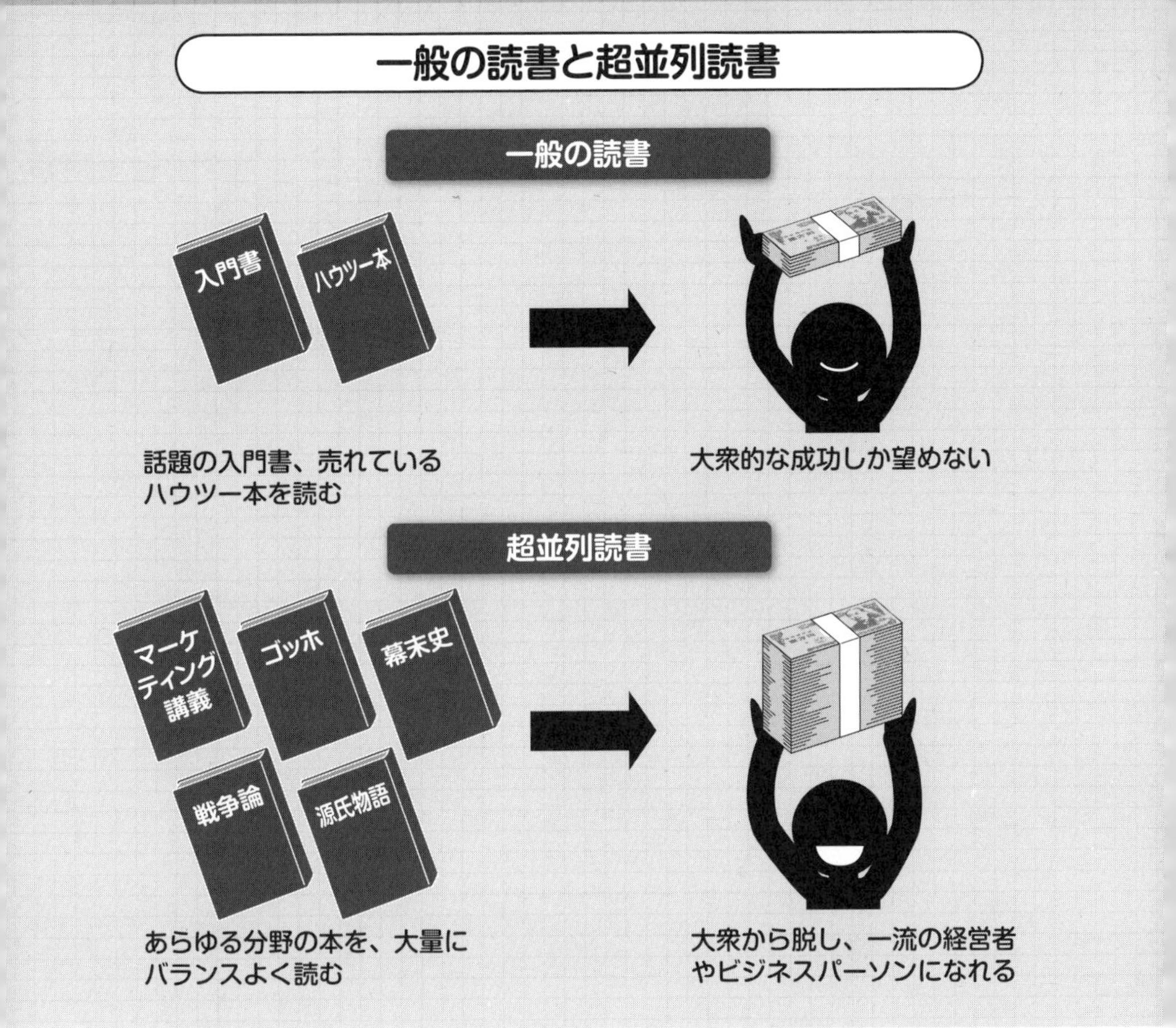
一般の読書と超並列読書
一般の読書
入門書
ハウツー本
話題の入門書、売れている
ハウツー本を読む
大衆的な成功しか望めない
超並列読書
マーケティング講義
ゴッホ
幕末史
戦争論
源氏物語
あらゆる分野の本を、大量に
バランスよく読む
大衆から脱し、一流の経営者
やビジネスパーソンになれる

そもそも超並列読書術では、本をはじめから最後まで通して読む必要はない。また、読んだ内容を覚えていなくても構わない。読書において重要なのは、本を全部読んで内容を頭に詰め込むことではなく、読むことで衝撃を受け、自分の内部に精神的な組み替えを発生させることである。

たとえ読んだ内容をほとんど忘れていたとしても、何かを考えたり、アイデアをひねり出すときには、それまでに読んだ本が必ず影響している。無意識のうちに確実に自分の血肉になっているのだ。

その他大勢から抜け出したい人は、これから述べる読書スタイルを参考にしてみるといい。仕事はもちろん、人生もより豊かなものになるはずだ。

Essence 02

教養を高めて楽しい会話を！

読書家と非読書家の違いはココに出る

読書家同士の会話は高確率で盛り上がる

超並列読書術の具体的な説明をはじめる前に、その効用について、もう少し詳しく述べておきたい。

あらゆる分野の本をバランスよく読むことによって、幅広い教養が身につき、コミュニケーション力が格段に高まる。本を読んでいる者同士が会話すれば、その場はかなりの確率で盛り上がる。

たとえば、こちらが何かを説明するときに、「知らざぁ言って聞かせやしょう」と切り出したとしよう。これは歌舞伎の演目『白浪《しらなみ》五人男』の序幕「浜松屋の場」において、弁天小僧菊之助が居直って正体を明かす長ゼリフから引用したものである。

相手もこれが歌舞伎のセリフだとわかっていれば、会話は楽しいものに発展するだろう。

逆に相手が何のことやらさっぱりわからず、「この人は何をいっているのだ……」となれば、場もしらけてしまう。

教養の豊かな欧米のエリートたち

こうした傾向がはっきりあらわれるのが、欧米のビジネスエリートと仕事をしたときだ。

欧米のエリートは実に多くの本を読んでおり、日常会話でもふつうにシェークスピアや古代ローマなどの話題が出てくる。

日本通も多く、歌舞伎や禅、茶道、生け花といった日本文化に関する話題をふってくる。

そんなとき、自分に教養が足りず、何も答えられなかったらどうなるだろうか。

「わかりません」という回答が一度や二度だけならまだいい。しかし、何度も「わかりません」を繰り返していると、そのうち誰から

多読のメリット

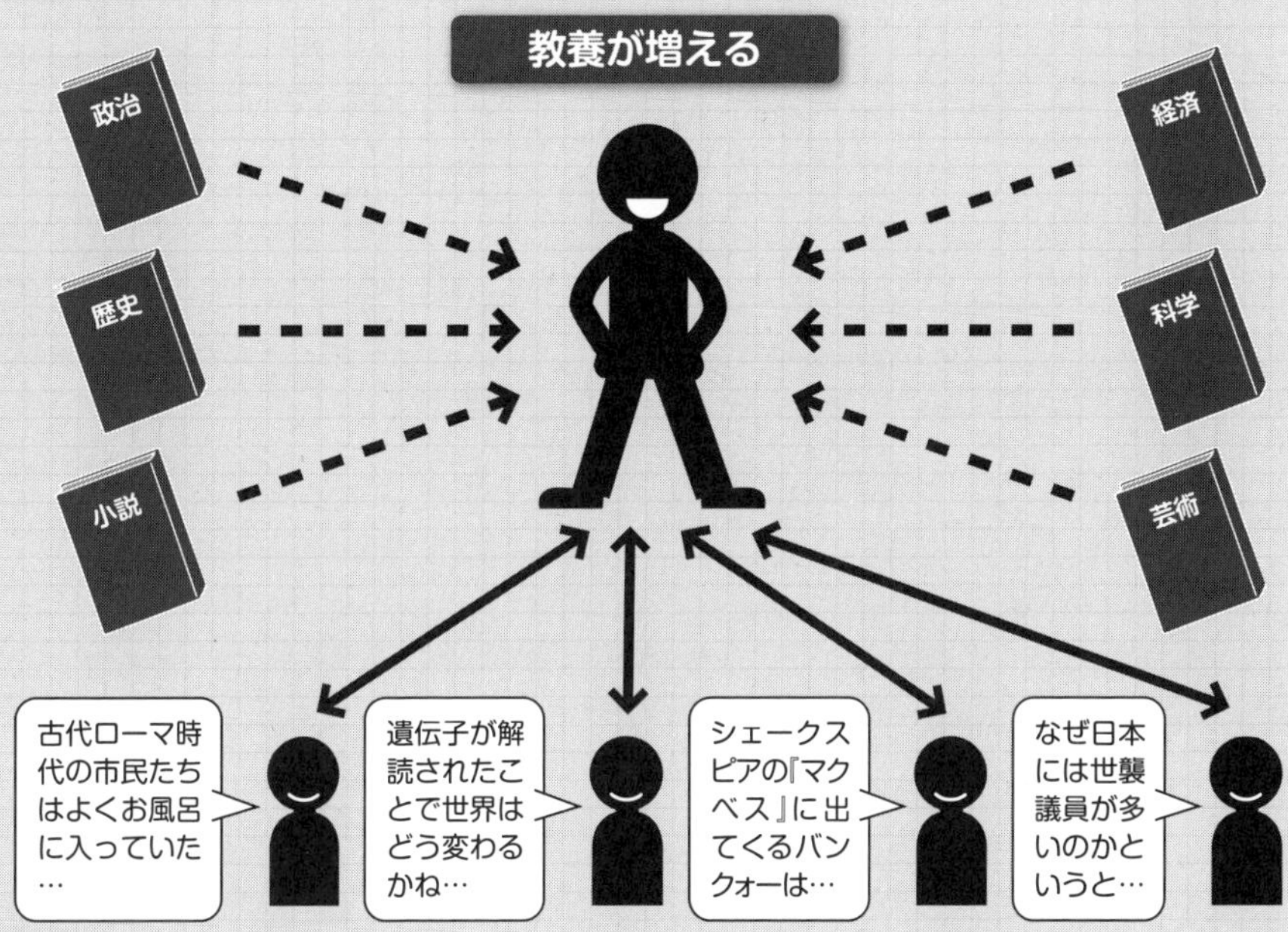

多読によってコミュニケーション力が高まり、ビジネス相手と良好な関係を築くことができる

も相手にされなくなってしまう。

読書量と教養はイコールで結ばれる。もしあなたがビジネスパートナーからデキる人物と見なされたいのならば、多読で幅広い教養を身につけ、コミュニケーション力を高めるに限る。

成毛眞の経験談

同じエリートといえども……

欧米のエリートと日本のエリートの大きな違いは、自国の歴史や文化に関する教養の有無にある。欧米のエリートはきちんと勉強しているのに対し、日本のエリートは自国の歴史や文化を知らなさすぎる人が多い。トップクラスになるとさすがに知っているが、それ以外の人たちは本を読んでそれらの知識を身につける必要がある。

Essence 03

脳を活性化せよ
多読・併読を実践してアイデアマンに！

ジャンルの切り替えにより頭の切り替えが高速化

超並列読書術の効用は、教養アップだけにとどまらない。頭の切り替えが速くなるとともに、ものの考え方が柔軟になる。

先に述べたように、この読書スタイルでは、あらゆる分野の本を同時に何冊も読む。最先端の物理学の本、平安貴族の色恋を描いた『源氏物語』の訳本、侘《わ》び寂《さ》びの世界を著した茶道の書、ウィットに富んだ三谷幸喜のエッセイなど、何の関連もない本を同時に読む。ジャンルの差異は、なるべく極端なほうがいい。

1日のなかでどんどん読む本を替えていき、何冊もの本に目を通す。これが習慣化すると、頭の切り替えが非常に速くなるのだ。

感性が磨かれ脳のはたらきも活発に

また、ジャンル・テーマによって脳の刺激される部位は違うだろうから、複数のジャンルの本を読むことで、脳のさまざまな部位を活性化することができるのではないかと思われる。

おそらく、ビジネスパーソンの多くは、自分の専門分野の本だけを読んでいる。

専門家は同じ分野の本を読み続けて脳の同じ部分を刺激したほうがいいのかもしれないが、ビジネスパーソンの場合、さまざまなジャンルの本を読んで脳のあらゆる部分を刺激したほうが感性が磨かれる。そして、そこから斬新なアイデアが生まれるのである。

たとえば、新しい家電製品のプランを立てているとしよう。専門分野の本ばかりを読んできた人は、過去の家電をマネしたものか、せいぜい多少発展させたようなアイデアしか出すことができないだろう。

多ジャンルを読むメリット

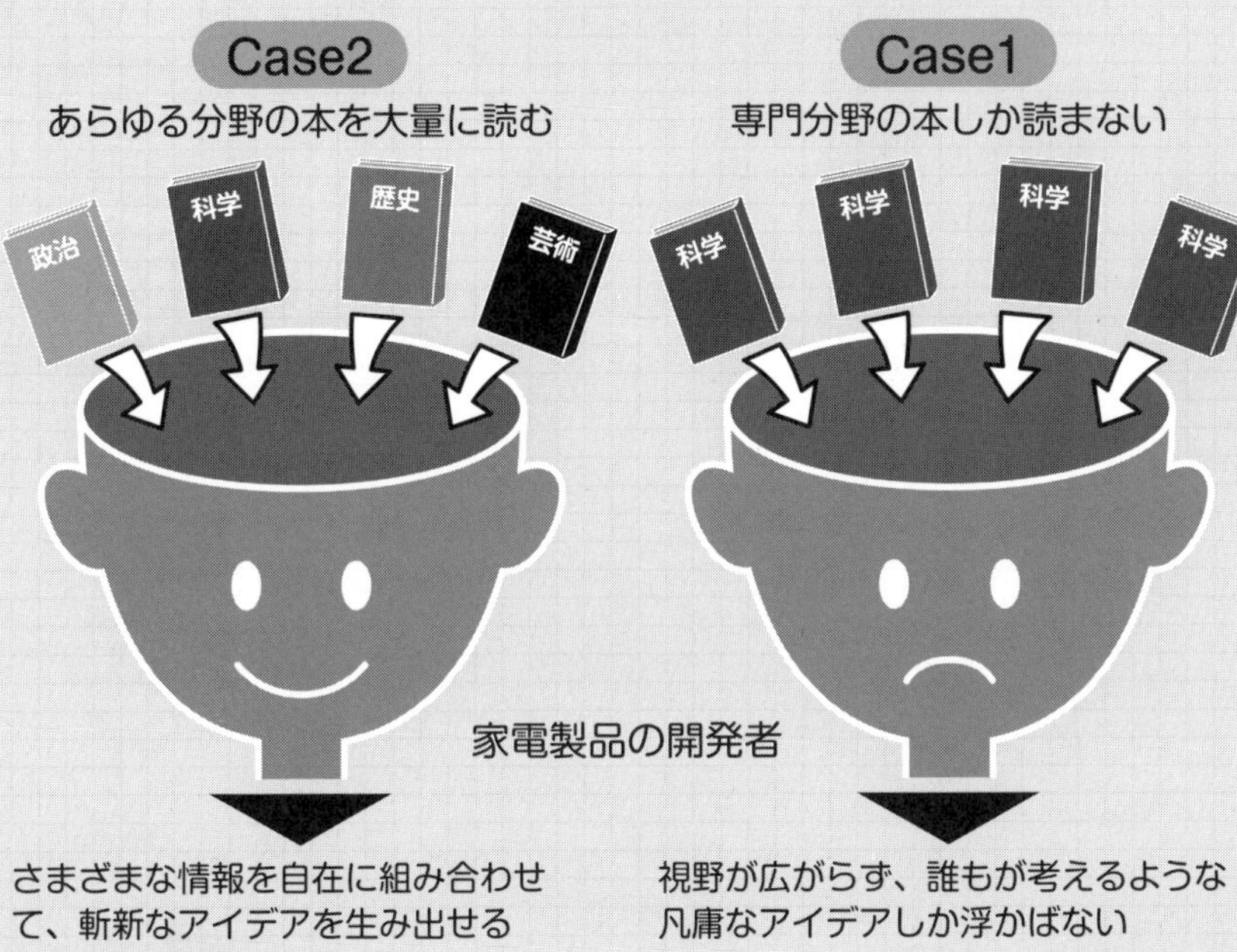
Case2
あらゆる分野の本を大量に読む
政治
科学
歴史
芸術
Case1
専門分野の本しか読まない
科学
科学
科学
科学
家電製品の開発者
さまざまな情報を自在に組み合わせて、斬新なアイデアを生み出せる
視野が広がらず、誰もが考えるような凡庸なアイデアしか浮かばない

仕事に直結する本ばかり読んでいたのでは、いいアイデアは生まれない！

一方、さまざまなジャンルの本を読んできた人は、「江戸時代のエコシステムを現代に応用できるのでは」といった具合に、斬新なアイデアを出すことができる。

超並列読書術にはこうした効用もあるのだ。

STEP UP 多ジャンル読みのコツ

多ジャンル読みを行なう際、ジャンルの組み合わせに悩む人がいるかもしれない。だが、そこにこだわる必要はない。

むしろ意図的にバラつかせることがコツだ。ひとつの時代や地域、人や事件を理解するには、そのテーマに遠く関連する複数の本を読み、多角的に判断することも必要になってくるからだ。

Essence 04

現代社会が求めるビジネスパーソンとは?

読書がクリエイティブ・クラスへの第一歩

クリエイティブ・クラスになるために

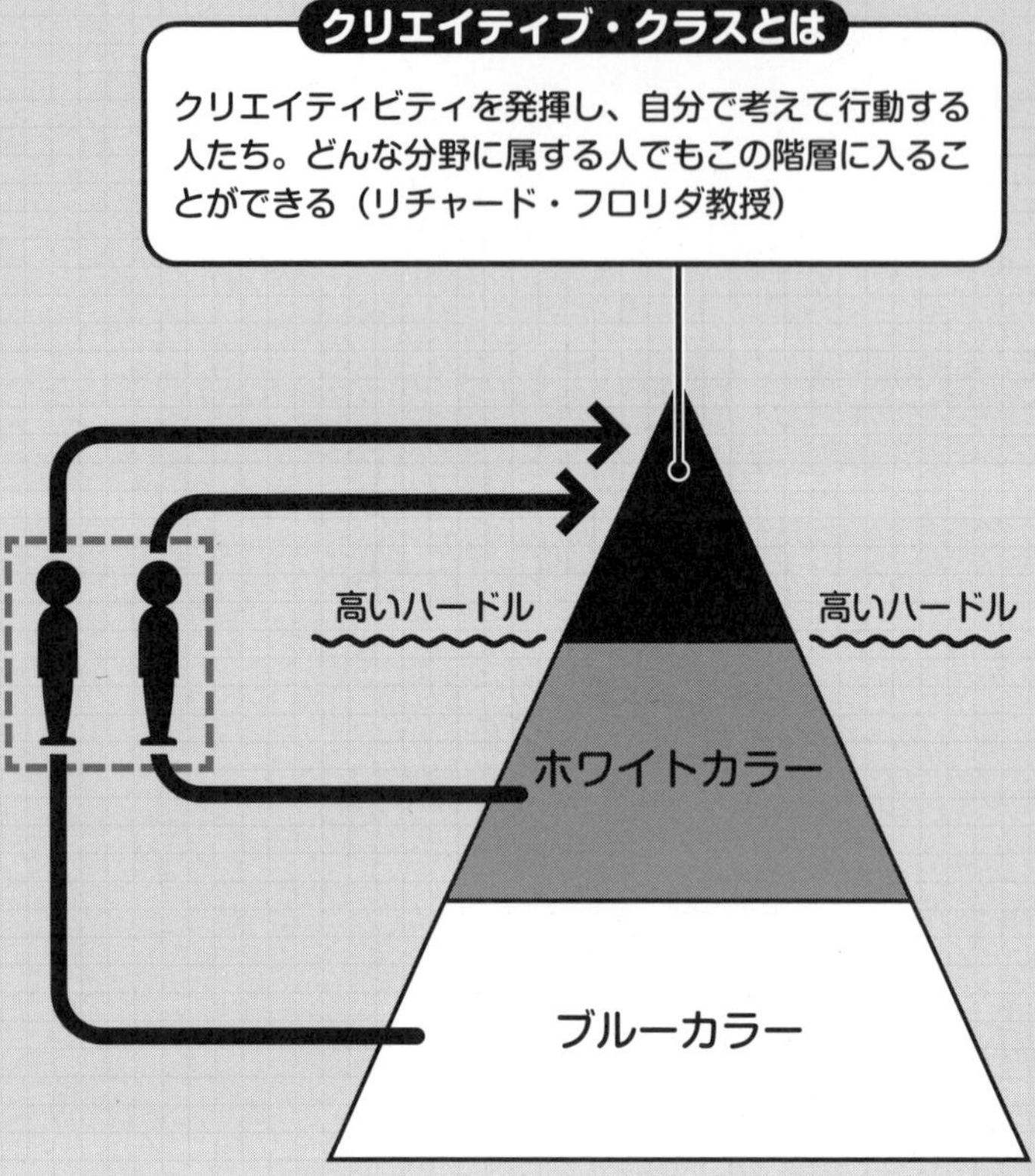

ホワイトカラー、ブルーカラー、そしてクリエイティブ・クラス

アメリカのカーネギーメロン大学などで教鞭をとる経済学者・社会学者のリチャード・フロリダ教授はホワイトカラー、ブルーカラーという従来の階層に加え、「クリエイティブ・クラス」という新たな階層の存在を指摘している。

クリエイティブ・クラスとは、人からいわれたことを忠実にこなすのではなく、クリエイティビティを発揮して自分で考えて行動する人たちの階層のこと。芸術家やデザイナー、編集者などに限ら

成毛眞の経験談　クリエイティブ・クラスの日本人

クリエイティブ・クラスの日本人としてひとり挙げるとすれば、藤巻幸夫氏が思い浮かぶ。藤巻氏は伊勢丹勤務時代に「カリスマバイヤー」として有名になった人で、「解放区」「リ・スタイル」「ＢＰＱＣ」と数々のブランドを立ち上げ、見事に成功させた実績をもつ。藤巻氏は一緒に飲んでいると、驚くような持論を次々と展開してくる。その話の幅広さ、展開の速さは凄《すさ》まじく、あまり人の話を聞くのが得意でない私でも、どんどん引き込まれていってしまうのだ。本を読まない人の場合、一緒に食事に行ったくらいでもすぐに底が見えてしまう。底を見せない藤巻氏は、相当な読書家なのかもしれない。

ハードルを越えるための条件

- 発想力が豊かでユニーク
- 問題解決能力に秀でている
- コミュニケーション力が高い

↓

できるだけ多くの本を読むことで、これらの能力が高まる

ず、政治・経済から教育、法律、エンターテインメントに至るまで、どんな分野に属する人でもこのクラスになり得る。

ハードルを越えるにはあらゆる能力が必要

しかし、クリエイティブ・クラスへのハードルは高い。発想力、実行力、問題解決能力、コミュニケーション力などあらゆる能力が必要とされ、常に工夫し改善していける人でないとハードルを乗り越えられない。

現在の社会で最も求められているのは、間違いなくクリエイティブ・クラスの人間だ。高いハードルを乗り越えるためにも、読書で有益な情報を選び取り、高い能力を身につけていきたい。

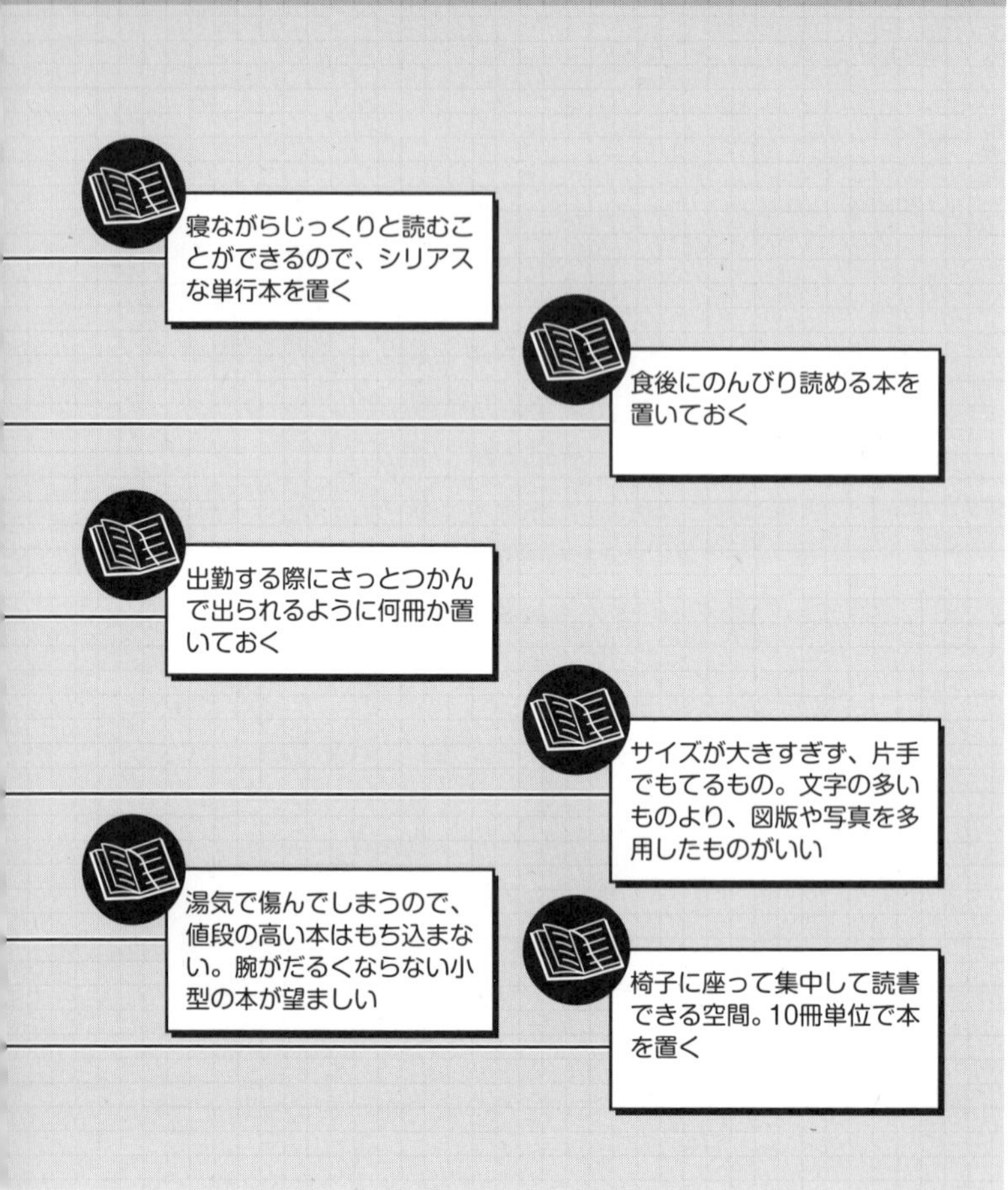

寝ながらじっくりと読むことができるので、シリアスな単行本を置く
食後にのんびり読める本を置いておく
出勤する際にさっとつかんで出られるように何冊か置いておく
サイズが大きすぎず、片手でもてるもの。文字の多いものより、図版や写真を多用したものがいい
湯気で傷んでしまうので、値段の高い本はもち込まない。腕がだるくならない小型の本が望ましい
椅子に座って集中して読書できる空間。10冊単位で本を置く

Essence 05

多読を実践するコツは?

ありとあらゆる場所に本を置いておく

ありとあらゆる場所に本を置いておく

超並列読書術という読書スタイルの基本は、限られた時間のなかで、さまざまなジャンルの本を同時並行的にたくさん読んでいくことだ。1日のなかでもどんどん本を替え、何冊もの本に目を通す。

これを実践するためには、まずありとあらゆる場所に本を置く。

生活時間の長いリビングになるべく多くの本を置き、寝室やトイレにも置いておく。さらに通勤用の鞄《かばん》のなか、会社の机の上などにも本が常時あるような状態にする。

自宅での本の配置例

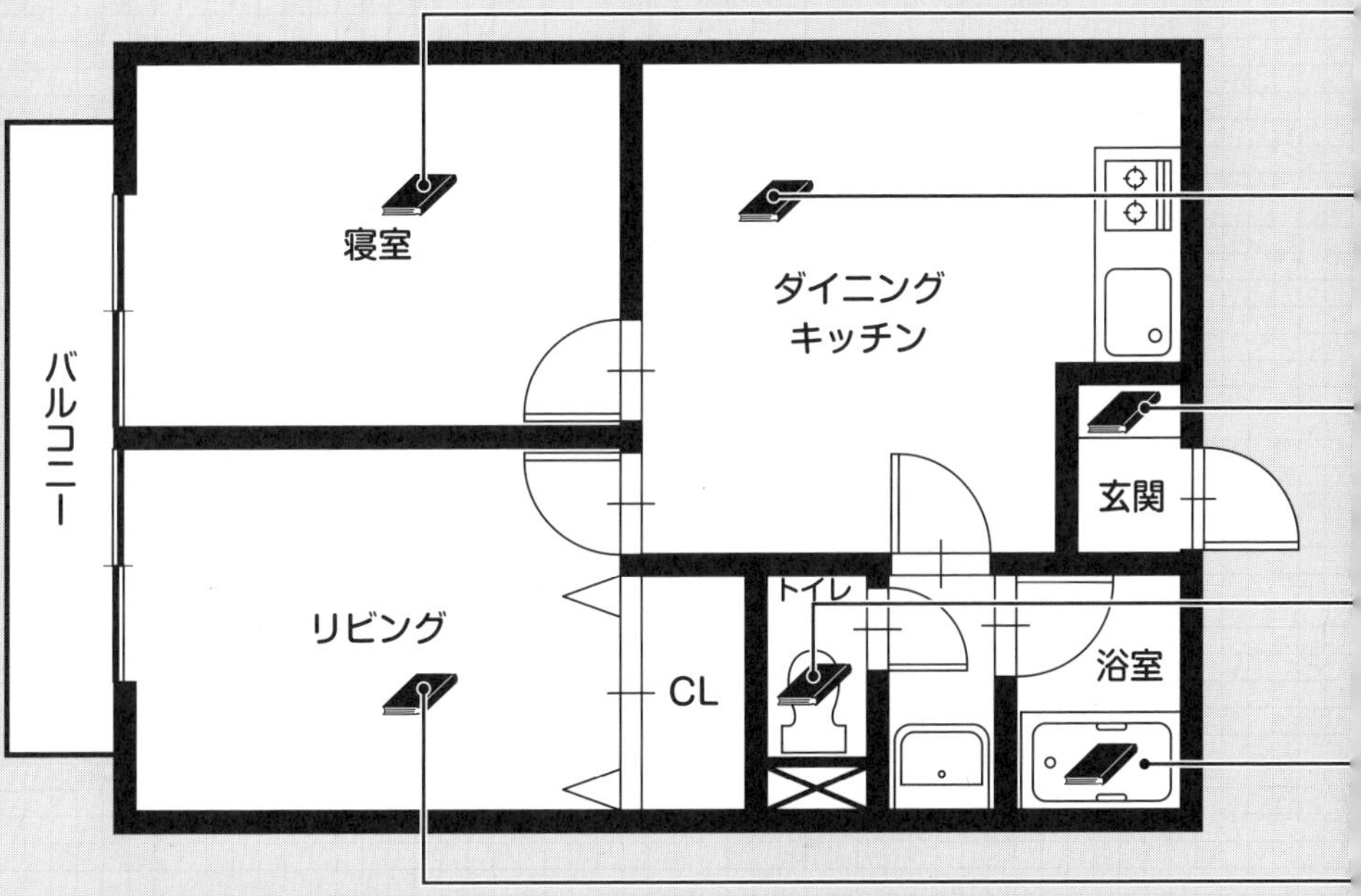

冊数は厳密に決めなくていい。どこに何冊置いても構わないので、とにかく生活するどの場所にも本が置かれている環境をつくる。

所定の場所で所定の本を読む

そして、リビングにいるときはリビングに置いてある本を、トイレに行けばトイレに置いてある本を、寝室に入れば寝室に置いてある本を読む。外出しているときも、所定の場所で本を読む。

朝の出勤前にリビングで、通勤時に電車のなかで、仕事のあいまにオフィスで、昼食時にお気に入りのレストランで、帰宅後にトイレ、風呂、寝室で……と所定の場所で読んでいけば、1日に10冊くらいは目を通せるのだ。

Essence

06

どんなに多忙でも読書は可能

ちょっとした空き時間を見つけて読書する

まとまった読書時間をとらなくてもOK

ビジネスパーソンが読書する場合、ネックとなるのが時間の確保だ。朝早く起きて出勤し、会社で1日慌ただしくはたらき、家に帰れば育児や家事の手伝いに追われる。そうした生活を送っている人がまとまった読書時間をとることは、確かに難しいかもしれない。

超並列読書術は、そんな読書時間を捻出できないビジネスパーソンにも向いている。

この読書スタイルでは何冊もの本を同時並行的に読むので、1日に2時間とか3時間といったまとまった時間をつくらなくてもよいのである。

通勤時間、他社訪問のための移動時間、アポイントの待ち合わせ、昼食のあいま、トイレ、風呂など、1日のなかには「スキマ時間」と呼ばれるちょっとした空き時間が見つかる。そのスキマ時間を利用すれば、トータルで1日1時間くらいの読書時間は容易に確保できるだろう。

短い時間だとかえって集中できる

そうした読み方では集中力が保てないのではと思われるかもしれないが、短時間で並行して多数の本を読むと、かえって集中力が高まり、内容もしっかりつかめる。

もちろん、まとめて時間をとって、1冊の本を集中的に読むというスタイルも悪くはない。

しかし、それでは集中力が途切れても惰性でダラダラと読んでしまっていたり、長時間読んだ割には内容を把握できていなかったりするケースが多い。スキマ時間を使った「あいま読み」や、風呂に入りながら、トイレで用を足しながらの「ながら読み」のほうが、集中力を保ったまま読書できる。

スキマ時間を利用した読書

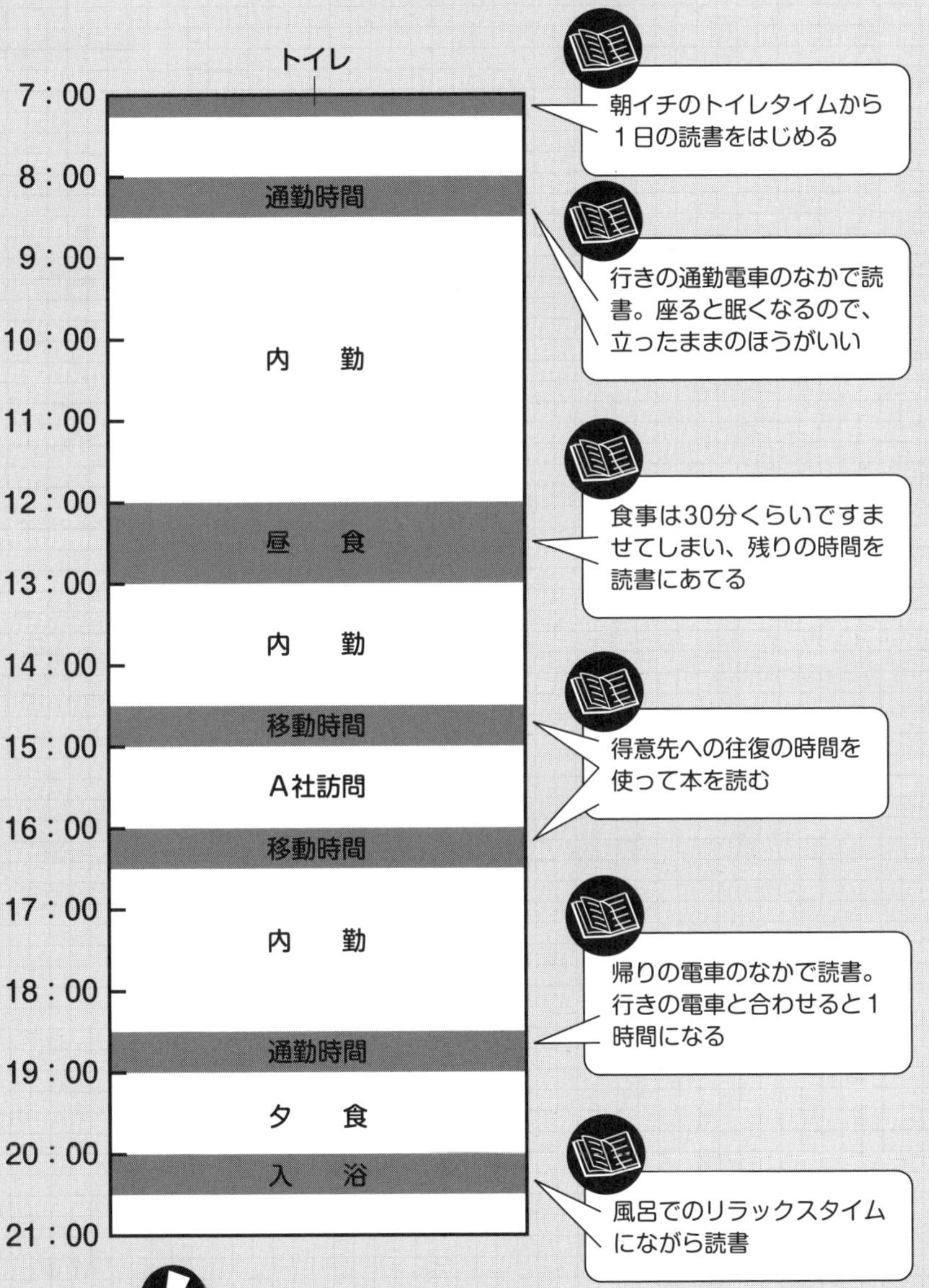

スキマ時間を使えば、1日1〜2時間の読書時間は簡単に確保できる！

Essence

07

全部読む必要はない！

重要部分だけを読む〝つまみ読み〟の勧め

8割の本は一部だけ読めば十分

本は一度読みはじめたら最後まで読み通さなければならない、と考えている人は少なくないだろうが、超並列読書術では、そうした読書の仕方はしない。そもそも本は、最初から最後まで全部読み通す必要はないのだ。

1冊1冊の本をすべて丁寧に読んでいたら、人生で出逢える本の数は限られてしまう。自分にとってピンとこない本、ツマラナイ本、文章がヘタな本を我慢して読み続けるなど時間の無駄だ。

多読をしているといい本にめぐり合う確率も高くなり、1冊通して読まずにいられない本も出てくる。とはいえ、その割合はせいぜい2割程度ではないだろうか。

一部分だけ読めば事足りる残り8割程度の本に関しては、はじめから読むべき部分だけをつまみ読みしてもいいし、内容が面白くなくなった時点でやめてしまっても構わない。

後日何かの文章を書くときに利用する資料用の本なら、目次にザッと目を通し、必要な項目を2～3ページ読んで終わりということもあり得る。

読むべき部分の見極めは？

読むべき部分がどこかというのは、ある程度の冊数を読めば自然とわかるようになってくる。

つまり、読書家ほど本を読み飛ばす術を心得ているということになる。

読書は学校の授業とは違う。途中で本を読むのをやめたとしても、罪悪感をもつ必要はまったくない。

自分に有用な情報以外は読み捨てるくらいの心構えがちょうどいいのだ。

ピンとこない本に出逢ったら

×

最後まで読み通す

我慢して読み続けるのは時間の無駄でしかない

○

読むのをやめて次の本へ

面白くないと気づいた時点ですぐに読むのをやめてもOK

!

自分に有用な情報以外は〝読み捨てる〟くらいの心構えで本を読む

成毛眞の経験談

1ヵ月の読書量について

私は現在、書評を書いているため、月に100冊から200冊くらいの本を手にとる。ある本は3日で読み終わり、ある本は3ヵ月とか半年かかることもあるが、平均すると10〜30冊ほどを併読している計算になるだろうか。新刊本だけでも凄まじいペースで増えていくから、全部読もうと思ったところで、とても読み切れるものではないのである。

もちろん、それらの本の内容をすべて覚えているわけではない。私は読書ノートのようなものをつくっていないので、すっかり忘れてしまった本もたくさんある。しかし、忘れてもいいのだ。記憶に残らないのは大事な情報でない証拠。記憶に残っているものだけが本当に有益な情報なのである。

Essence 08

読書に目的はいらない!?

真っ白な気持ちでたくさんの本と向き合う

目的や問題に縛られてはいけない

超並列読書術では、目的意識をもって本を読んではいけない。

もちろん、受験勉強のためとか、資格をとるために本を読むというのであれば、それでも構わない。しかし、大衆レベルの成功に満足せず、人の上に立つ人物になり、人生をより豊かなものにしようとする人は、目的をもたずに読書したほうがいいだろう。

目的を決めて本を読むと、その目的に縛られてしまい、決まった内容の本しか手にとらなくなる。それでは世界が狭まり、目新しいアイデアは浮かびにくくなる。

人が思いつかないような斬新なアイデアを生み出し、仕事の幅を広げるのは、一見仕事にまったく関係ない本であることが多い。だからこそ、仕事に役立てよう、教養をつけようなどと目的を決めずに、さまざまな本を読むことが大切になってくるのだ。

加えて、問題意識をもって本を読むこともやめるべきである。問題を念頭に置くと、重要な部分を読み落とす恐れがあるからだ。

無駄な問題意識や批判精神は捨てて、真っ白な気持ちで読書するのがいい。

人生にも目的は不要

こうした考え方は、実は人生にも当てはまる。自分の可能性を、自分で限定してしまってはもったいないではないか。やりたいと思うことは、何でも遠慮せずにやってみればいいのだ。

読書についても、ひとつのジャンル一辺倒になる必要はなく、さまざまなジャンルを並行して読んでいれば、斬新なアイデアが思い浮かび、人生の新たなステージへとつながっていくかもしれない。

読書に目的は不要

Bad Case　目的意識・問題意識をもって読書する

目的意識や問題意識に縛られ、決まった内容の本しか手にとらなくなる
➡世界が狭まり、斬新なアイデアが浮かびにくくなってしまう

営業成績を上げたい
世界一の営業マニュアル
デキる人の営業術
営業マンのABCD
最強・最新の営業テクニック
赤羽直が教える営業の教科書

手にとるのは同じような内容の本ばかり……

Good Case　真っ白な気持ちで読書する

目的意識や問題意識に縛られることなく、多種多様な本を読むことができる
➡誰も思いつかないような新しいアイデアが生まれやすくなり、仕事の幅も広がる

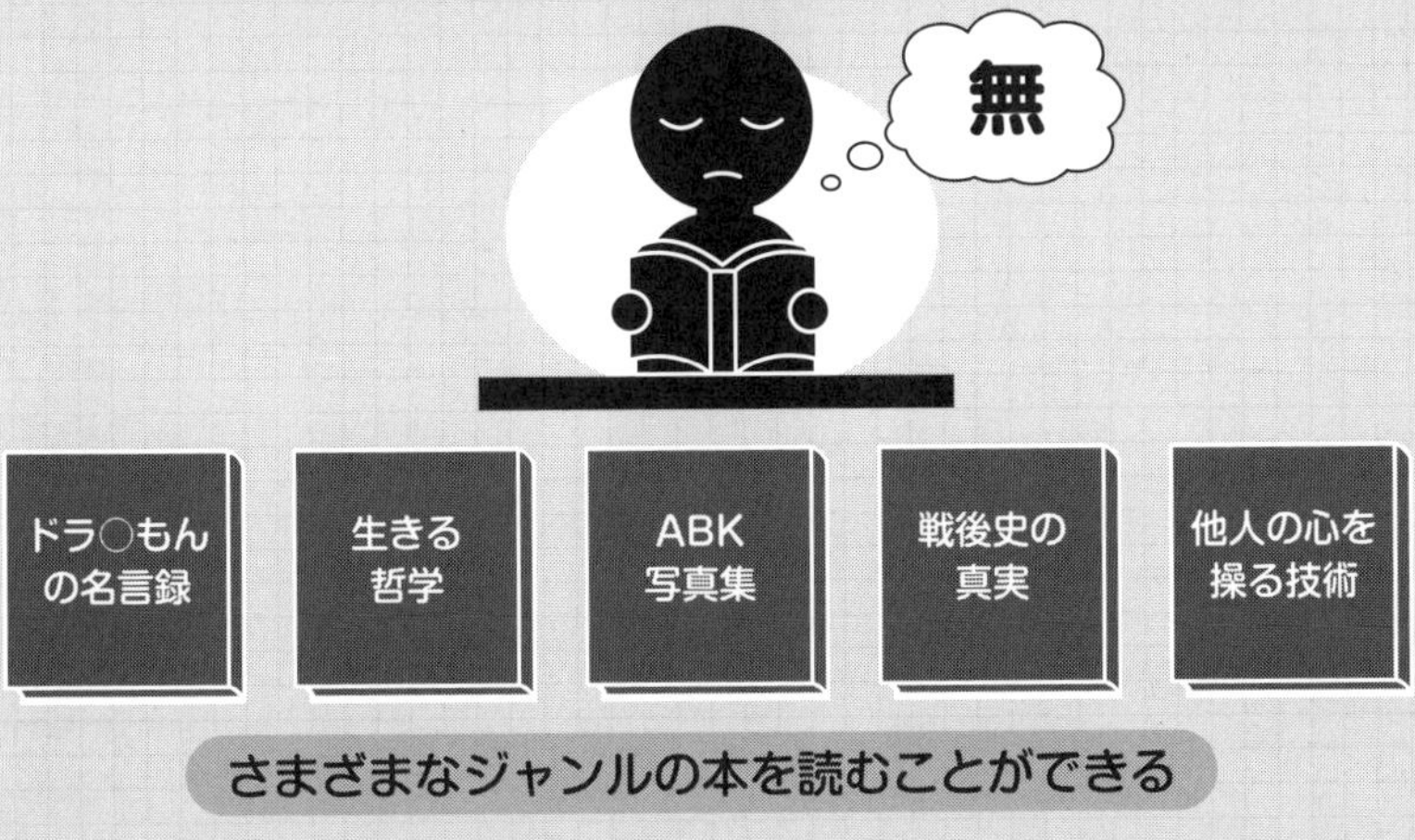
無
ドラ○もんの名言録
生きる哲学
ABK写真集
戦後史の真実
他人の心を操る技術

さまざまなジャンルの本を読むことができる

Essence 09

読む気をいつまでも持続させられる整理法

"積読"は悪いことではない

すぐに読まない本がたまったときには……

超並列読書術を実践する際には、本の仕分け作業も重要になってくる。本を何冊か購入し、家にもち帰ったあと、すぐに読むべき本がどれで、後回しにすべき本はどれかを判別するのだ。

ページをめくって「読もう」と決めた本は、家のあちこちに置き、常に読めるようにしておく。

一方、買ったのはいいが、すぐに読む気にならない本もときどき出てきて、次第にたまっていくことがある。いわゆる「積読《つんどく》」だ。

未読の本がたまっていくと、せっかく買った本でも次第に読む気が薄れていく。しかし、整理の仕方によっては、読む気を持続させることができる。

積読本でも新刊に思えるテクニック

未読のまま本棚に入れると、それだけで読んだような気分になってしまうのでよくない。

また、棚差しの要領で2段、3段にして並べると、そこに本がおさまってしまい、読む気が半減してしまう。

こうした事態を回避するには、平積みにしてリビングなどに置いておくといい。書店の平台に置かれているような状態にするのだ。

これだと、ふだんの生活のなかで何気なくタイトルが目に入るから手にとりやすくなるし、たとえ1年前に購入した本であっても「新刊」のように楽しめる。

興味を覚えた本はとりあえず買っておく。その結果、積読になったとしても、それは悪いことではない。

気になる本が手元にあり、いつでも読める状態になっていることは、多読するうえで何より重要なことなのだ。

本の仕分け作業

購入した本

もち帰ってぱらぱら眺める

すぐに読む → 家のあちこちに置いておく

すぐには読まない → "積読"にする

間違った積読

未読のまま本棚に入れる

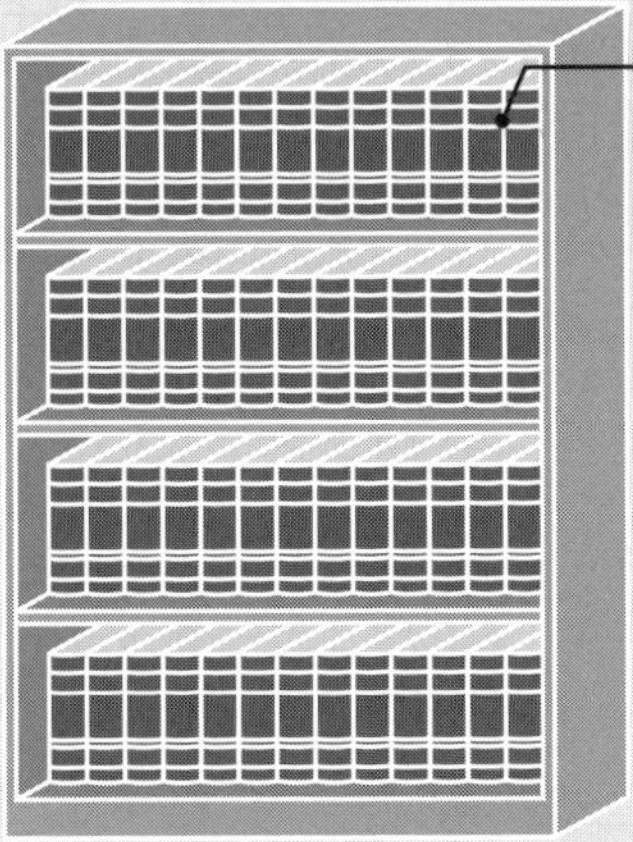

それだけで読んだような気分になってしまい、次第に読む気が薄れていく

正しい積読

平積みにしてリビングに置く

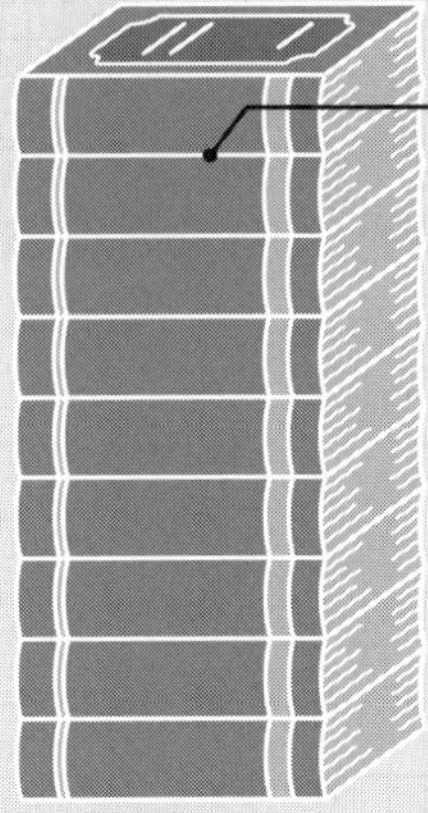

タイトルが常に目に入るから、いつ手にとっても新刊のように読める

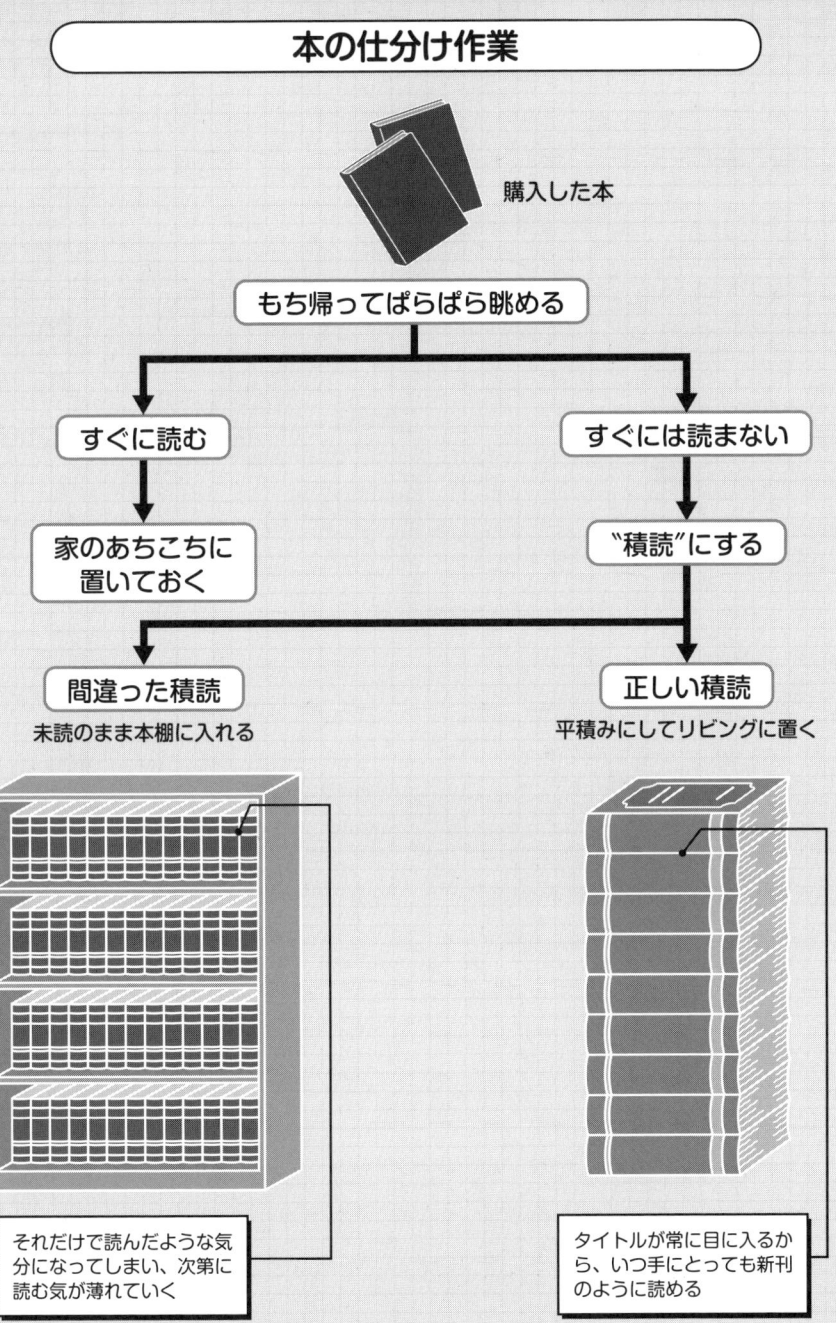

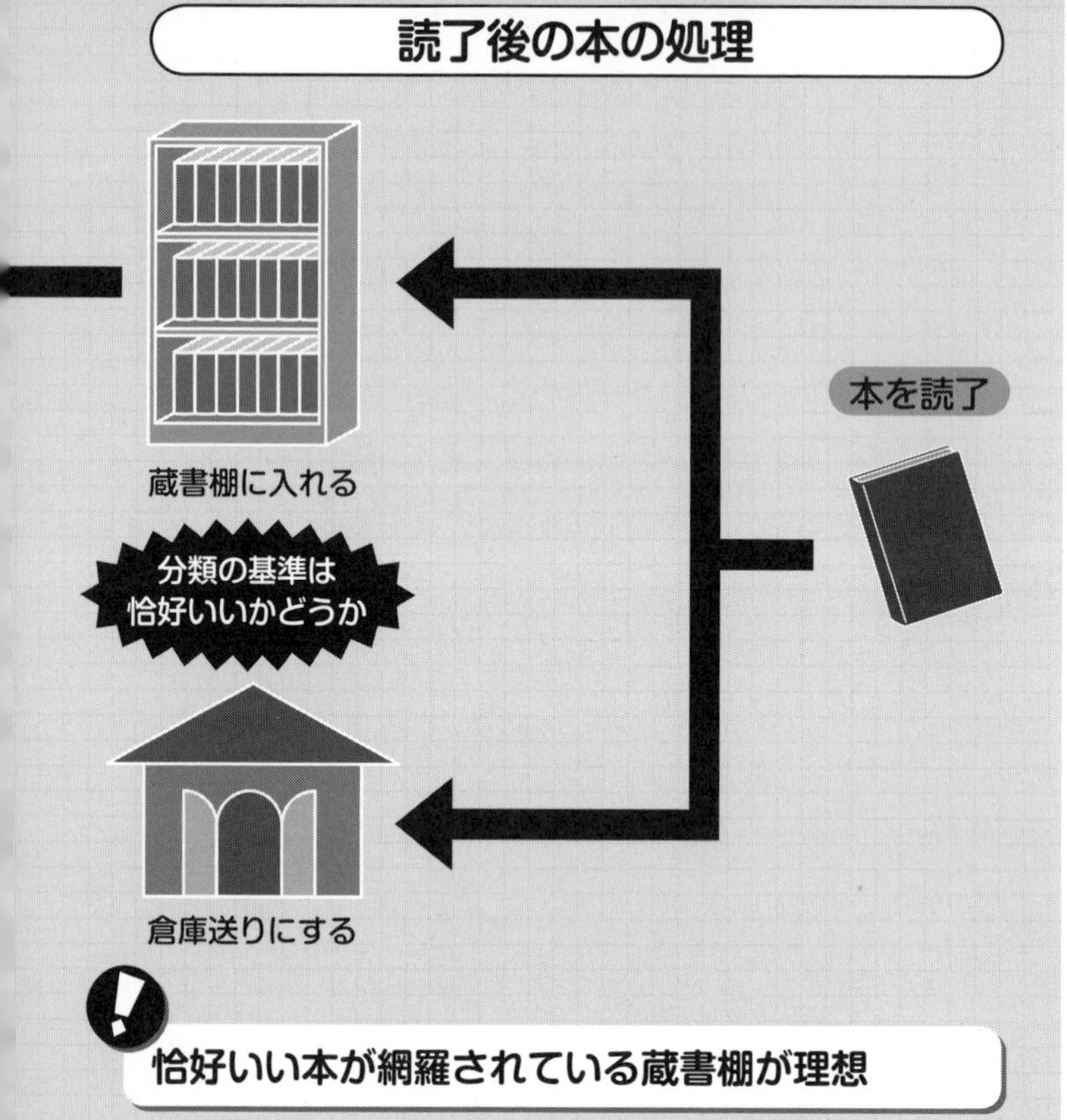
読了後の本の処理
本を読了
蔵書棚に入れる
分類の基準は
恰好いいかどうか
倉庫送りにする
恰好いい本が網羅されている蔵書棚が理想

Essence 10

本棚を見ればどんな人かがわかる

恰好よく見える蔵書棚のつくり方

読了した本はどう処理するか?

多読を続けていると、読み終わった本がどんどん増えていく。ワンルームマンションに住んでいる場合は、壁面を本が埋め尽くして収拾がつかなくなるといったケースもあるだろう。

それでは、読み終わった本はどのように処理すべきなのか。

読了後の本は、ふたつに分類するといい。蔵書棚に加えるものと、倉庫(または古本屋)送りにするものとに分けるのである。

成毛眞の経験談 **給料の7割は本代に！**

私は30代前半までは給料の7割を本代に費やしていた。おかげで自宅はもとより、書庫のある別荘も大量の本で溢《あふ》れかえっている。だが、お金の使い方は、これくらい極端なほうがいい。自分が本当に好きで、その価値を理解できるものに対してはいくらでもお金をつぎ込むべきである。世間で評判になっているから、友人がもっているからなどといって無目的な浪費をするよりは、本をたくさん買って読んで、人と違う経験や考え方ができるようになったほうがずっと賢いお金の使い方といえるだろう。

恰好いい本の条件

- タイトル
- 装丁（本の世界観をあらわしているもの）
- 帯（キャッチコピー、色）
- 本文のレイアウト

古本屋に売る

or

分別の基準は恰好いいかどうか

分類の基準は、蔵書棚に並べたときに「恰好いいかどうか」である。タイトル、装丁《そうてい》、帯、本文のレイアウト……恰好のいい本の条件はいくつかあるが、他人に見られたときに恥ずかしくないようなラインナップを揃《そろ》えるのだ。

たとえば、自分と同じような感覚をもつ人から、「やっぱり、この本を読んでいましたね」と思われるような本がたくさん並んでいる蔵書棚は恰好いいといえる。

逆に、恰好いい蔵書棚にふさわしくないと思われる本は、ある程度たまった時点で倉庫に収納してしまう。自宅に倉庫がなければ、古本屋に売ってしまえばいい。

推薦本

成毛眞お薦めの本

ビジネス力アップに役立つ本

『社員をサーフィンに行かせよう』

イヴォン・シュイナード／東洋経済新報社

著者はアウトドア用品メーカー、パタゴニアの創業者。同社には「社員は勤務時間中でも自由にサーフィンに出かけることができる」というルールがあるという。これこそ、著者の考える会社のあり方とそこでのはたらき方なのだ。

『コンテナ物語』

マルク・レビンソン／日経BP社

著者はトラックとトラックの上に載せる箱を分離することで、海運用のコンテナの標準化を実現。結果、世界貿易が飛躍的に拡大した。コンテナを通して、世界のダイナミックな革新を見ることができる。

『山動く』

W・G・パゴニス／同文書院インターナショナル

湾岸戦争で兵站《へいたん》を担当したパゴニス中将の自叙伝。指導者はどこまで細かく指示を出せばいいか、どこまで待たせればいいのか、といった人を動かす秘策が、ドキュメンタリータッチで詳細に語られている。

壁にぶつかったときに読む本

『もしも宮中晩餐会に招かれたら』

渡辺誠／角川書店

皇室から宮中晩餐会《ばんさんかい》に招待されたときのマナーについて書かれた１冊。宮中晩餐会に招かれたり、これから招かれる可能性など、ほとんどの人はないだろう。したがって何の役にも立たないが、なぜか楽しいのだ。

『新版　馬車が買いたい！』

鹿島茂／白水社

19世紀パリの衣食住や娯楽の実情を、田舎町から出てきた若者の視点から説き明かす。ビジネスマンにとって、この種の本は役に立たない本の典型といえる。しかし本書を読めば、ただただリッチな時間が過ごせる。

『積みすぎた箱舟』

ジェラルド・ダレル／福音館書店

動物学者である著者が、アフリカの密林に行って、野生動物を捕獲してくるというぶっ飛んだ内容の本。一般のビジネスマンにとって、非日常の出来事が書かれているので、日常がつまらなく感じてしまっている人にお薦めだ。

“気づき”を与えてくれる本

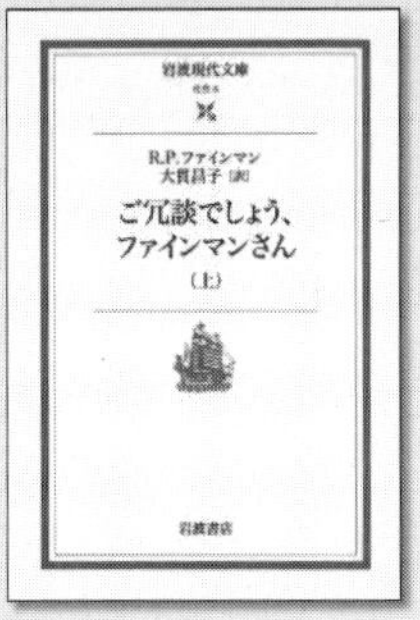

『ご冗談でしょう、ファインマンさん』

リチャード・P・ファインマン／岩波書店

ノーベル賞を受賞した著者の逸話集。とはいえ、真面目な自叙伝ではなく、ノーベル賞受賞をめぐる顛末や初来日のときの“こだわり”など、知的なおかしさに溢れたジョークばかりが書かれている。理屈抜きで楽しめる本だ。

『あなたのために――いのちを支えるスープ』

辰巳芳子／文化出版局

スープをつくるためのレシピが書かれた本だが、「これが、スープの湯気の向こうに見える実存的使命です」などと、汁物が人生を豊かにするためにいかに必要かを説いている。“思想”のある料理本である。

『ローマ人の物語』

塩野七生／新潮社

日本が世界に誇る名著。特にお薦めなのが単行本の４巻と５巻。ここは、いわば著者のカエサルに対するラブレターだ。もちろん、表面的にはそうした類《たぐ》いの本ではないが、行間を読むと恋愛小説に思える。

Chapter 2

価値ある良書を手にするための「選書術」

松山真之助

読書は本を探すことからはじまる。世の中に溢れる数多の本のなかから、いかにして良書を探し出せばよいのか。本の目利きが、あなたにとって役立つ本を探すコツを紹介する。

Shinnosuke Matsuyama

1954年岐阜県生まれ。名古屋大学工学部大学院修了。大手航空会社勤務の後、現在は「Webook」編集長、ジェイカレッジ校長、K.I.T.虎ノ門大学院客員教授、東京藝術大学非常勤講師などを務める。1997年以来発行し続けるビジネス系書評メールマガジン「Webook of the day」は、国内外に1万5千人以上の熱いファンを持つ。
URL:http://webook.tv/

Essence 01

読書の質は選書次第
〝ハズレ本〟を避けて〝良書〟を選ぶには?

無数の本のなかから良書を選ぶことの難しさ

日本では毎年7万冊以上の本が出版されている。1日あたり200冊近い本が新たに書店に並んでいる計算だ。

これほど大量の本のなかから、〝ハズレ本〟を避けて〝良書〟を選ぶのは至難の業といえる。読書は多かれ少なかれ時間を要するので、本選びに失敗し読む本を間違えてしまうと、時間という貴重な資産をムダにすることになる。

つまり、読書においては「選書」の作業が非常に重要であり、選書がうまくいくかどうかで、読書の質が大きく左右されるのである。

どんな本が良書でどんな本がハズレ本なのか?

そもそも良書とは、自分にピッタリとフィーリングが合う本のことをいう。その本を読んでいて、「なるほど!」と共感したり納得できる箇所がたくさんある本は良書といえる。

あるいは、「そういえば、別の本にも同じようなことが書いてあったな」とか「この論理は会社のイベント企画に応用できるのでは?」といった〝気づき〟や〝ひらめき〟を与えてくれる本も良書と判断していい。

さらに、読了後にその本を自分の家族や友人、知人に教えてあげたい、プレゼントしたいと思えたら、それは最上級の良書である。自分に役立つだけでなく他人にも薦められるという本は、ありそうであまり多くない。

読書の達人といわれる人たちは、数多くの本のなかから良書を選び取る能力に長《た》けている。あなたも本章で紹介するノウハウをものにすれば、達人たちと同じようなスキルを身につけることができるはずだ。

本選びの難しさ

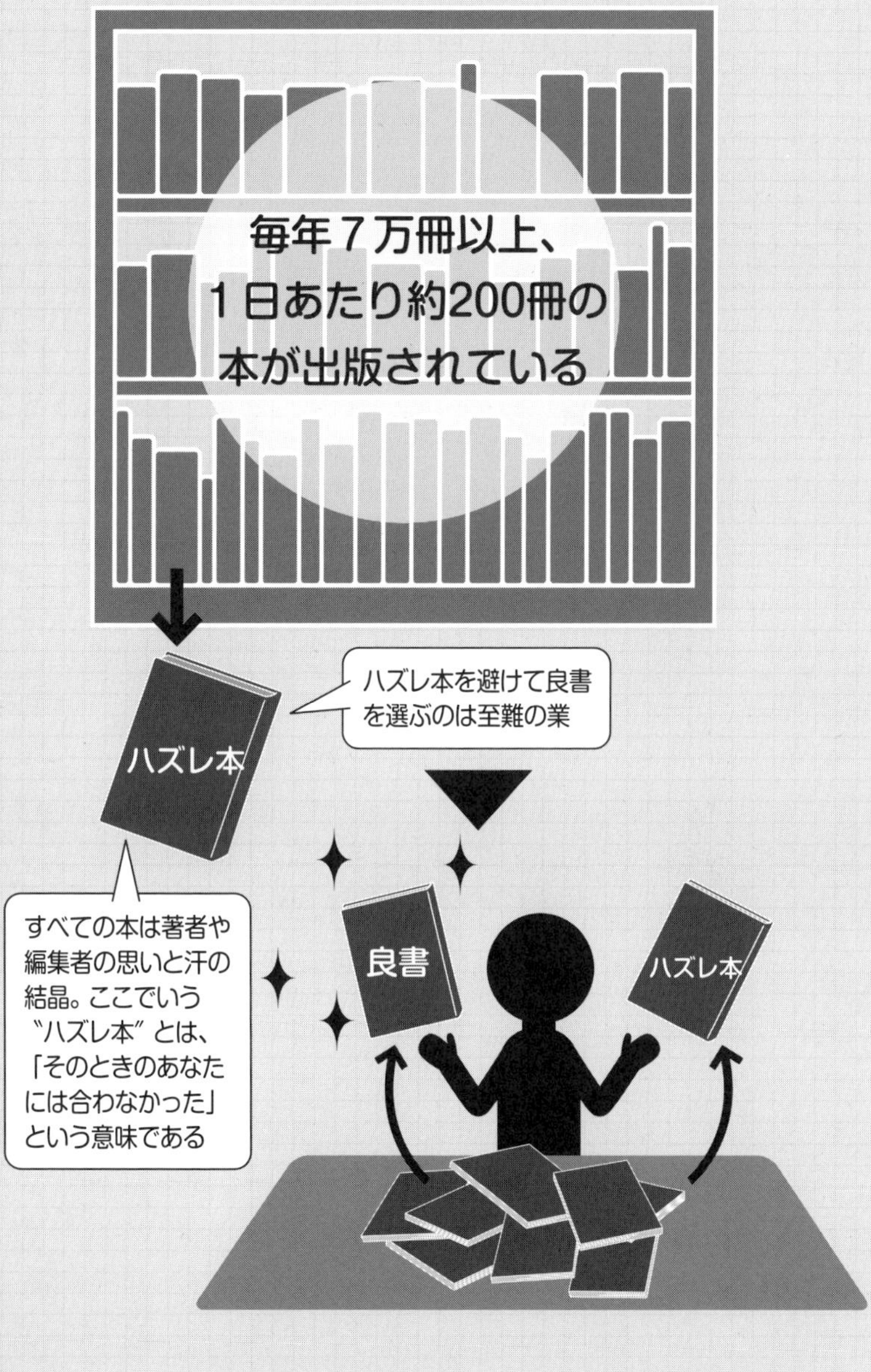
毎年7万冊以上、
1日あたり約200冊の
本が出版されている
ハズレ本を避けて良書
を選ぶのは至難の業
ハズレ本
すべての本は著者や
編集者の思いと汗の
結晶。ここでいう
〝ハズレ本〟とは、
「そのときのあなた
には合わなかった」
という意味である
良書
ハズレ本

選書のノウハウがあれば、良書とハズレ本を見分けられる！

Essence 02

どこで本を買うべきか?

リアル書店とネット書店のメリット・デメリット

本の購入者の約7割がネット書店を利用している

本を購入する場合、従来は店舗を構えた書店（リアル書店）で入手するのがふつうだった。だが現在では、アマゾンをはじめとするインターネット書店（ネット書店）の普及が目覚ましく、利用者が急増している。あるデータを見ると、本の購入者のうち約70％の人はネット書店を利用したことがあるという。ネット書店の利用者がいかに多いかがわかる。

確かにネット書店は便利だ。ネット書店ではタイトル、著者、キーワードを入力するだけで目当ての本がすぐに見つかり、いつでもどこでも注文することができる。

注文した本は早ければその日のうちに自宅に届くし、重い本を運ぶ必要もない。

とにかく手軽で便利というのがネット書店の優れた点であり、ネット書店の勢いは今後も続くと考えられている。

リアル書店では思いがけない本との出逢いが！

だが、リアル書店のよさも忘れてはならない。手軽さ、便利さという点ではネット書店に勝てないかもしれないが、リアル書店ならではのメリットがたくさんある。

たとえば、思いがけない〝出逢い〟だ。目当ての本を探しているうちに興味を惹《ひ》くような本を見つけたとか、本屋でのイチ押しコーナーに並んでいた本を手にとってみたらとても面白かったという経験は誰にでもあるだろう。リアル書店は、新たな本を発見するのにもってこいなのだ。

またリアル書店なら本の中身をくまなく見られるし、どんな本が売れ筋なのかもわかる。リアル書店とネット書店は、その長所・短所をよく考えて使い分けたい。

徹底比較！　リアル書店とネット書店

リアル書店	○…適している △…それなりに ×…不適	インターネット書店
△	①目的の本を探す	○
○	②新しい本を発見する	△
○	③本の売れ筋を調べる	△
△	④同テーマの本を探す	○
×	⑤本の価格順を調べる	○
×	⑥本の発刊順を調べる	○
○	⑦本の中身を試し読み	△
×	⑧購入者の感想を知る	○
×	⑨買った本を家に運ぶ	○

- ①インターネット書店：あらかじめ欲しい本が決まっていれば、すぐ購入可能
- ②リアル書店：思いがけない本との出逢いが期待できる
- ③インターネット書店：トップページに新刊が紹介されているが、数は少ない
- ⑤⑥インターネット書店：価格順、発刊順に並び替え可能
- ⑦インターネット書店：閲覧できるページが決まっている
- ⑨リアル書店：配送サービスを行なう大型書店もあるが、ごく一部

メリットとデメリットを考えてうまく使い分ける

第一印象の大切さ

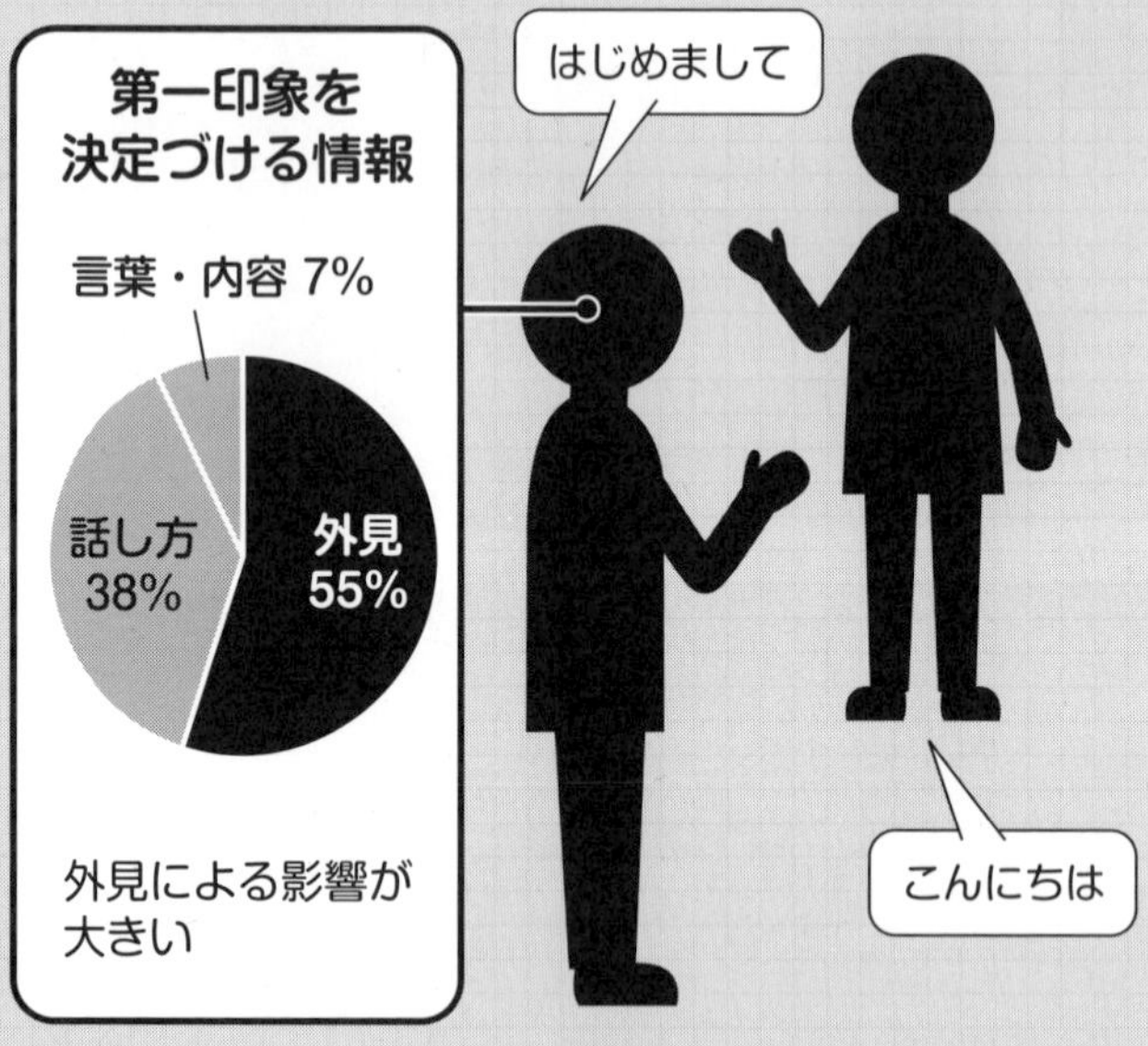
第一印象を
決定づける情報
言葉・内容 7%
話し方
38%
外見
55%
外見による影響が
大きい
はじめまして
こんにちは

人の評価は外見で決まる。この心理学の法則は本づくりにも応用されている

Essence
03

人との出逢い＝本との出逢い

第一印象がよい本は必ず内容確認！

タイトルを見たときにピンときた本は買い！

心理学では、人の評価は外見で決まるといわれる。ヘアスタイル、表情、身振り手振りなどで印象がよくも悪くもなり、一度出来上がった先入観はなかなか消えることがない。

実は、本もこうした心理的作用を活《い》かしてつくられている。

本は表紙、目次、前書き、本文などに分かれるが、外見で最も目につくのがタイトルだ。

一般的に、編集者は本の存在を強くアピールするために、インパ

最初にタイトルと帯コピーをチェック！

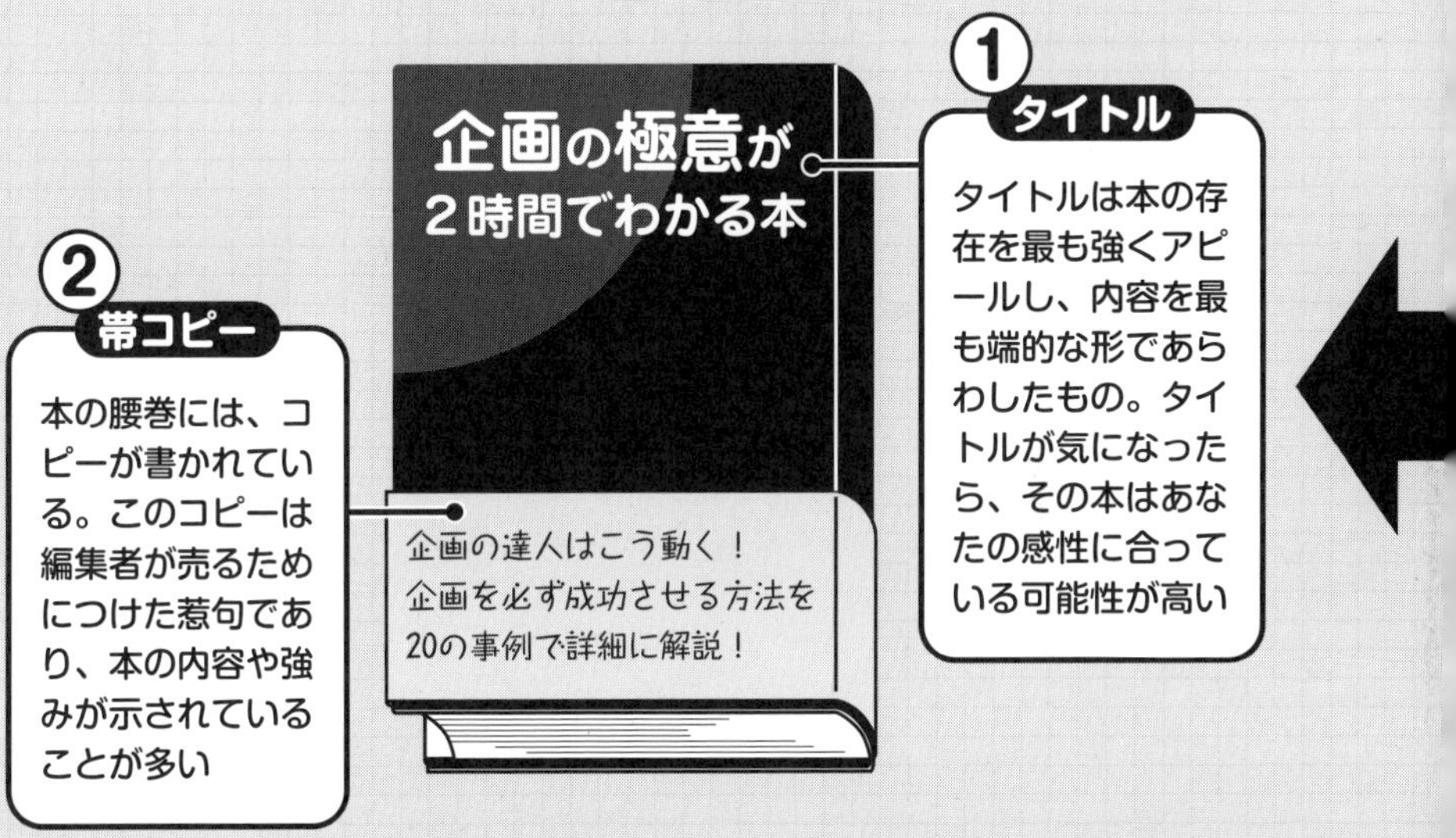
企画の極意が
2時間でわかる本
企画の達人はこう動く！
企画を必ず成功させる方法を
20の事例で詳細に解説！
①タイトル
タイトルは本の存在を最も強くアピールし、内容を最も端的な形であらわしたもの。タイトルが気になったら、その本はあなたの感性に合っている可能性が高い
②帯コピー
本の腰巻には、コピーが書かれている。このコピーは編集者が売るためにつけた惹句であり、本の内容や強みが示されていることが多い

タイトルと帯コピーから何かを感じた本だけ、なかを開いて内容をチェックし、買うかどうかを決める

クトがあって、内容を端的な形で表しているタイトルをつける。したがって買う側にとっては、タイトルが本を買うかどうかの判断材料になるのだ。

もしタイトルから何か感じるものがあったら、その本はあなたの感性に合ったものである可能性が高い。すぐさま手にとって開いてみてほしい。

腰巻についている帯コピーも要チェック

もうひとつ、編集者は本の印象をよくするために、帯コピーにも惹句《じゃっく》を使う。

やや煽《あお》りすぎているコピーも見られるが、ここにも本の特徴や内容があらわれているので、本選びの手がかりになる。

Essence 04

本の内容を瞬時に把握する方法
前書き・目次チェックで本の中身が一目瞭然

前書きを読めば その本のテーマが丸わかり

タイトルと帯コピーから何かを感じ、その本を手にとった。チラチラとなかを見てみたが、レジに直行すべきか否か、まだ迷いが晴れずに躊躇《ちゅうちょ》している――。

こういった場合、前書きを読んでみてほしい。前書きにはその本のテーマや概要が記されているので、前書きを読めば本の大まかな内容がわかるはずだ。また、文章のタッチが自分の好みに合うかどうかを判断することもできる。

前書きを読んでも迷い続けてい

前書きを読む

前書きには本のテーマや概要が記されているので、本の大まかな内容がつかめる。また、文章のタッチが自分の好みかどうかも判断できる

はじめに

会議はビジネスシーンに欠かせない要素である。今日も多くの事柄が会議で決定され、企業の方向性を決めている。

企業に就職して、ある程度の時間が経つと、そんな会議への出席を命じられる。私が電機メーカーに就職した時も当然会議はあった。初めて参加したのは部署内の打ち合わせだったが、どう発言したらよいのか会議のどこが重要なポイントなのかさえもわからず苦労した記憶がある。

STEP UP 簡潔すぎる前書きはNG

前書きには、そっけないと思えるほど簡潔なものもあれば、横柄に思えるほど人を食ったような書き出しで関心を惹こうとしているものもあるが、どの著者も出版社も前書きには本文以上に力を入れるものである。なぜなら、本の出し手は読者が前書きを買うかどうかの判断材料にしていることを知っているからだ。

したがって、簡潔すぎる前書きの本は、中身もあっさりしていると見ていい。人を食ったような前書きの本は、その印象が悪ければ読み通すのは難しいだろう。もちろん、こうした例がすべてではないが、前書きの良し悪しはその本の良し悪しと大きく関係しているといえるのである。

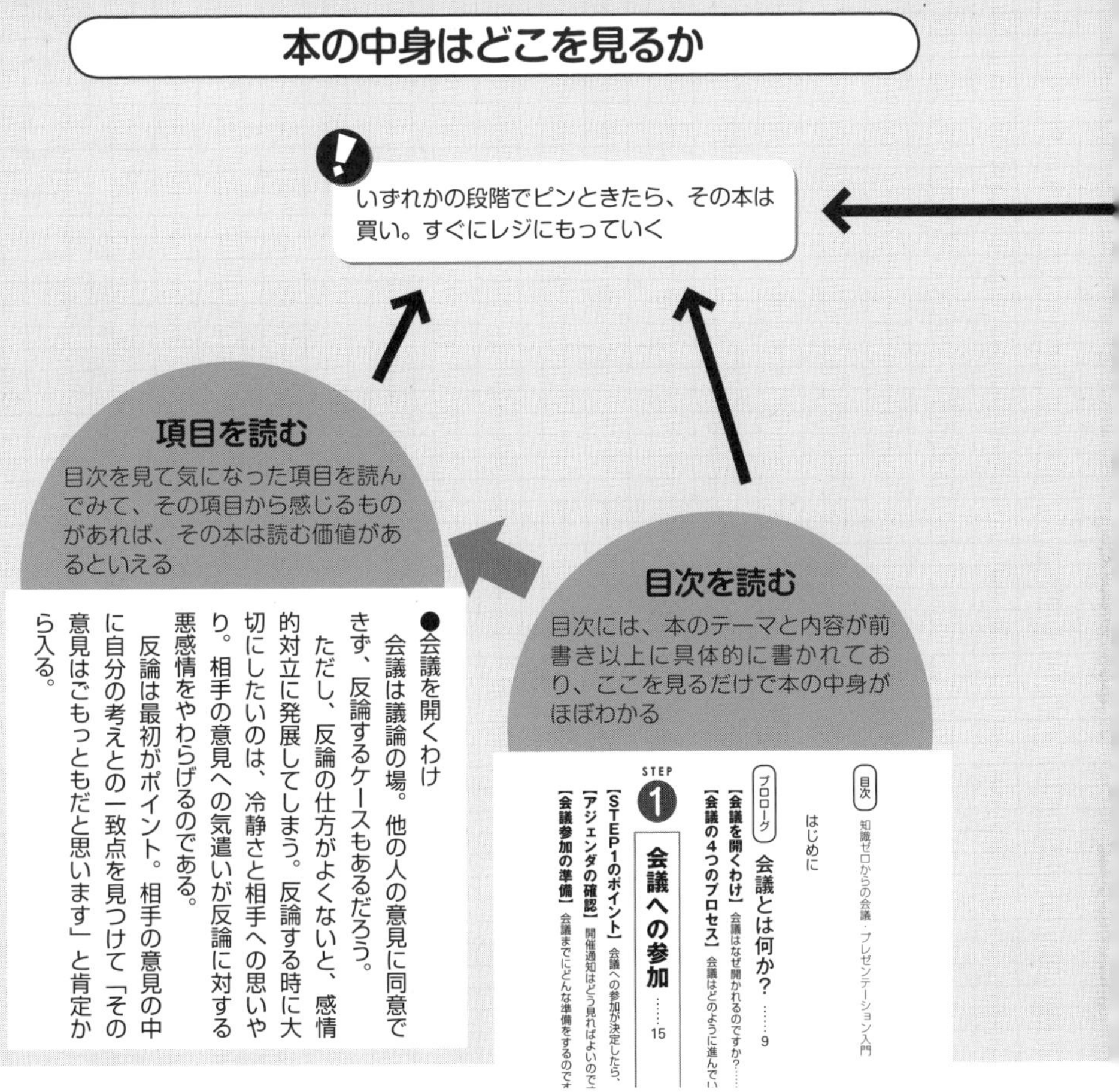
本の中身はどこを見るか
いずれかの段階でピンときたら、その本は買い。すぐにレジにもっていく
項目を読む
目次を見て気になった項目を読んでみて、その項目から感じるものがあれば、その本は読む価値があるといえる
●会議を開くわけ
会議は議論の場。他の人の意見に同意できず、反論するケースもあるだろう。
ただし、反論の仕方がよくないと、感情的対立に発展してしまう。反論する時に大切にしたいのは、冷静さと相手への思いやり。相手の意見への気遣いが反論に対する悪感情をやわらげるのである。
反論は最初がポイント。相手の意見の中に自分の考えとの一致点を見つけて「その意見はごもっともだと思います」と肯定から入る。
目次を読む
目次には、本のテーマと内容が前書き以上に具体的に書かれており、ここを見るだけで本の中身がほぼわかる
目次
知識ゼロからの会議・プレゼンテーション入門
はじめに
プロローグ 会議とは何か？ ……9
【会議を開くわけ】会議はなぜ開かれるのですか？……
【会議の4つのプロセス】会議はどのように進んでい
STEP 1 会議への参加 ……15
【STEP1のポイント】会議への参加が決定したら、
【アジェンダの確認】開催通知はどう見ればよいので
【会議参加の準備】会議までにどんな準備をするので

るのなら、今度は目次に目を通す。

目次には、本のテーマと内容が前書きより具体的に書かれている。小説以外ならば、目次を見るだけで本の中身がだいたいわかる。目次に興味を惹かれる項目、読みたいと思っていたテーマがあれば、その本はかなりの確率であなたにとっての良書となる。

実際に1～2個の項目を読んでみるという手も

タイトルと帯コピーをチェックし、前書き、目次にも目を通した。それでも迷いが晴れないなら、目次のなかで気になった項目をひとつかふたつ選んで読んでみる。

その項目から感じるものがあれば、その本は読む価値がある。もう迷わずにレジにもっていこう。

Essence 05

良書を見つけるためのリアル書店の歩き方

本屋には無数の出逢いが待っている

リアル書店の歩き方
地図
社会科学
自然科学
コンピュータ
会計
¥
背表紙のタイトルが気になったものを手にとってみる
趣味実用
文学
人文科学
フェア
さまざまなジャンルの雑誌を見て、最新の流行をつかむ
雑誌
新刊
書店や出版社が特別に展開するフェアは要注目。興味があればまとめ買いしてもOK
新刊本も雑誌と同じように隅々までチェックする

時間の許す限り、色々なコーナーを回って本を選ぶようにする

ふだんはあまり興味のない分野の棚にも足を延ばしてみる
学習参考書
コミック
コミック
DVD
芸術書
語学
文庫
洋書
新書
ベストセラーを中心にチェックする

松山真之助メモ　店主の趣味やこだわりが楽しい

最近はどの書店でも話題の本や新刊本を中心に揃えているので、書店ごとの特徴が出にくくなった。特に中小規模の書店はそうした傾向が強い。書店も客商売である以上、売れそうな本に絞った品揃えにするのは致し方ないが、何となく寂しいものである。しかし、中小規模の書店でも「オッ」と思わせる品揃えの書店が稀《まれ》にある。店主の趣味やこだわりが見え隠れする書店は実に楽しく、興味のない分野の本でも手にとってみようかという気になってしまう。読書世界を広げてくれるような書店は大事にしたいものだ。

Essence

06

ネット書店を使うときはここに注意

星の数に惑わされず、コメントの中身を参考に

評価システムにも
プラスとマイナスがある

リアル書店での本の選び方はわかった。それでは、ネット書店ではどうだろうか。

ネット書店はとにかく使い勝手がいい。キーワードを手がかりに次から次へと関連本を調べられるし、最新刊や話題の本以外のものもずらっとデータを揃えてくれる。また、以前はタイトルや装丁だけで購入するかどうかを判断しなければならなかったが、最近アマゾンなどでは「プレビュー機能」が充実してきており、中身を少しだけ確認できる。

ネット書店の利点は、それだけにとどまらない。たとえばアマゾンなどでは本の評価システムが設けられており、読者がその本に対する評価や感想を記せるようになっているため、本選びの際に参考になる。

本当に信用できる
アマゾンの評価とは？

ただし、この評価は鵜呑《うの》みにしすぎてもいけない。

特に、極端な意見には耳を貸す必要はない。よく、1つ星をつけて辛辣なコメントを書いている人がいるが、それはたまたまその人にとって面白くなかっただけのことかもしれない。人付き合いもそうだが、悪い噂《うわさ》を信用しても、あまりよいことはないものだ。

逆に、5つ星の絶賛コメントの人は、「著者のファンだから」といった理由だけで評価しているケースもあるので、これも注意が必要だ。

アマゾンの評価を参考にするなら、3つ星とか4つ星をつけて「面白い」とコメントしている人のものがいいだろう。星の数も気になるが、むしろコメントの内容を参考にしたい。

ネット書店での評価をどこまで信じるか

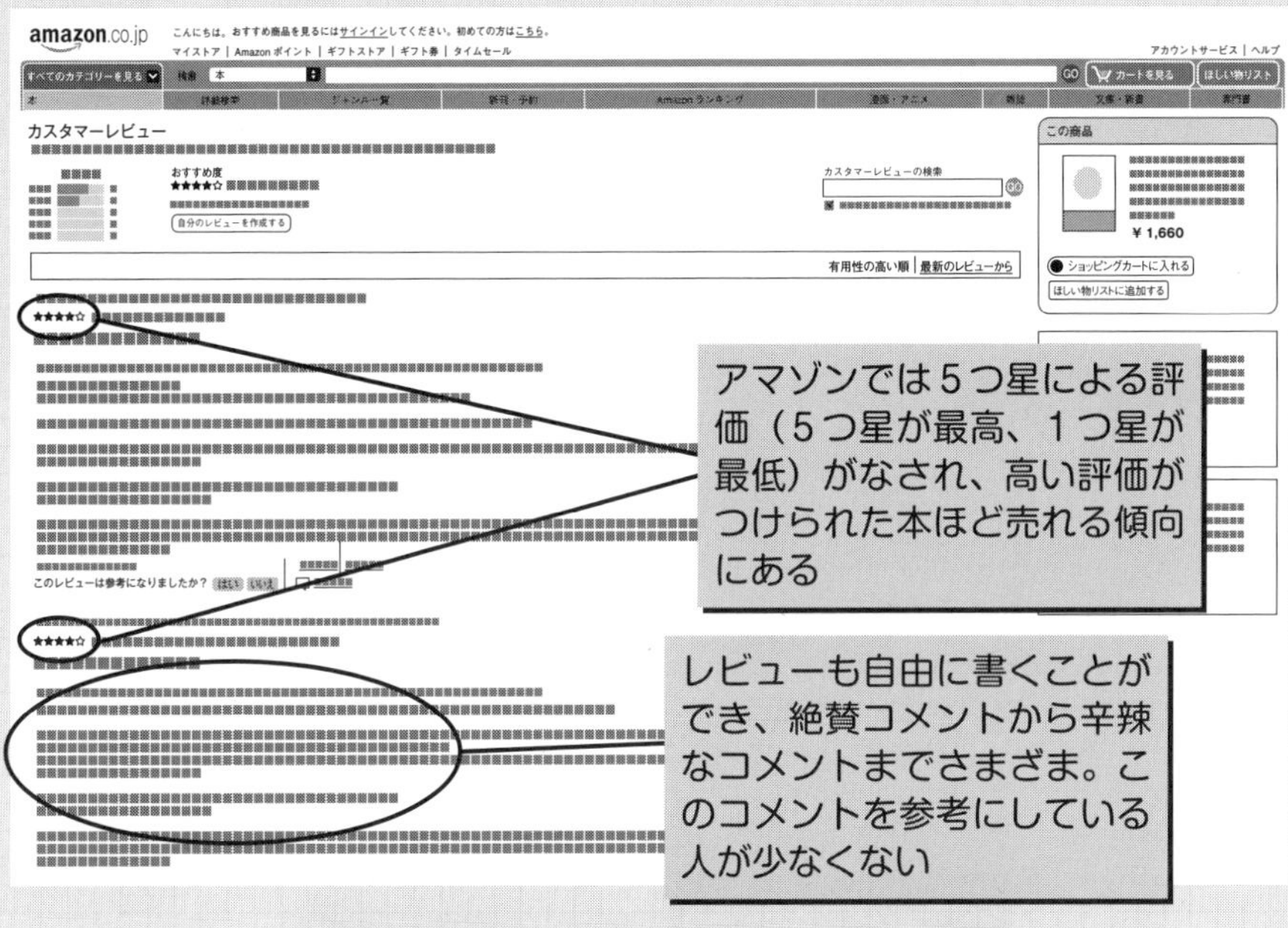
amazon.co.jp
カスタマーレビュー
おすすめ度
自分のレビューを作成する
カスタマーレビューの検索
有用性の高い順｜最新のレビューから
この商品
¥ 1,660
ショッピングカートに入れる
ほしい物リストに追加する
このレビューは参考になりましたか？ はい いいえ
アマゾンでは５つ星による評価（５つ星が最高、１つ星が最低）がなされ、高い評価がつけられた本ほど売れる傾向にある
レビューも自由に書くことができ、絶賛コメントから辛辣なコメントまでさまざま。このコメントを参考にしている人が少なくない

アマゾンの評価の正しい読み方

★（１つ星）＋辛辣コメント	本当につまらない本なのかもしれないが、その人にとってたまたま面白くなかっただけだったり、悪意をもってなされた評価の可能性もある
★★★★★（５つ星）＋絶賛コメント	本当に面白い本なのかもしれないが、「著者のファンだから」という理由だけで高い評価をしている人も少なくない。鵜呑みにするのは危険
★★★〜★★★★（3つ星〜4つ星）＋「面白い」とのコメント	高すぎず低すぎもしない評価は最も現実的。コメントも絶賛するばかりでなく批判的な視点からのものもあり、信憑性《しんぴょうせい》が高い

本選びでは星の数よりコメントの内容を参考にする

Essence
07

新聞・雑誌・ネットの書評といかに付き合うか？

読書世界を広げてくれる定番ツール

書評のあれこれ

雑誌	新聞

メリット

・どんな新刊本が出ているか、何が話題の新刊本なのかがわかる
・名の知れた書評家が、その本に対してどのような評価を下しているかがわかる

デメリット

・新聞の場合、難解な本が取り上げられる傾向があり、一般読者には理解しにくい
・絶賛する書評が掲載されることが多く、批判的な書評が少ない

新聞や雑誌で お気に入りの書評家を探す

ネット書店の評価同様、本選びの参考になるのが書評だ。

朝日新聞や毎日新聞、読売新聞、産経新聞、日本経済新聞の全国紙では毎週1回、新刊本の書評が掲載されており、本選びのガイドとして利用できる。

全国紙に寄稿するような名の知れた書評家は、独自の視点からユニークな意見を述べている。定期的に読んでいると、その書評家が取り上げる本の傾向がわかるので、自分と趣味の合いそうな書評

個人のブログ	メールマガジン

メリット

・一般読者の視点からの感想を知ることができる
・出版社や著者との利害関係がないので、歯に衣着せぬ正直な感想が書かれていることが多い

デメリット

・あくまでも素人の感想なので、情報の確かさは保証されない

家をブックマスターにしてしまう。

雑誌に載っている書評も参考になる。話題書なら週刊誌、ビジネス本なら経済誌、文化系の本ならカルチャー誌を参考にするのが基本だが、自分がいつも読んでいて信頼する雑誌があれば、その雑誌の書評を頼りにしてもいい。

メルマガやブログも利用価値は大

また、インターネットを利用した書評ではメールマガジンやブログも役に立つ。グーグルで「書評メルマガ」と検索するとたくさんヒットするので、気に入ったものに登録しておくといい。

メルマガやブログでこれは面白そうと思ったものを読んでいくと、読書世界がどんどん広がる。

Essence 08

今の時代、選書にはこれが欠かせない

SNSを効果的に使って最新の生情報をゲット

ツイッターは本の情報の宝庫

情報化時代の読書には、インターネットが何かと役に立つ。特に選書の段階では、ネットをどれだけ効果的に使えるかがカギとなる。

インターネットを使った本選びというと、アマゾンをはじめとしたオンラインショップの検索を利用したり、売れ行きランキングを参考にするといった方法を使っている人が多いだろうが、ツイッターやフェイスブックなどのＳＮＳ（ソーシャルネットワーキングサービス）を使う方法もある。

ＳＮＳのなかで、最も手軽なのがツイッターだろう。出版社、書店、新聞各紙、あるいは読書好きな一般の人々のツイッターのアカウントをフォローしておく。

すると、「●●ファンには今月発売の『●●』がお薦めだ」とか「あの本は読むだけ時間のムダ」などという情報が面白いように入ってくるのである。

著者の生の声が聞けることも！

また、本を読んで面白かったら、その著者本人のアカウントをフォローする。

本では考え方が体系的にまとめられているが、ツイッターで発信されるつぶやきは必ずしも整理されておらず、著者の生のアイデアや情報が漏れ出てくることも少なくない。特にビジネス書の著者や経営者はそうした傾向が強いので、積極的にフォローすることをお勧めする。

さらに自分のお薦めの本をツイッターでつぶやくと、そのツイートを読んだ人が〝お返し〟とばかりに面白い本を紹介してくれることもある。

ＳＮＳは、使い方次第で本選びの心強い味方になるのだ。

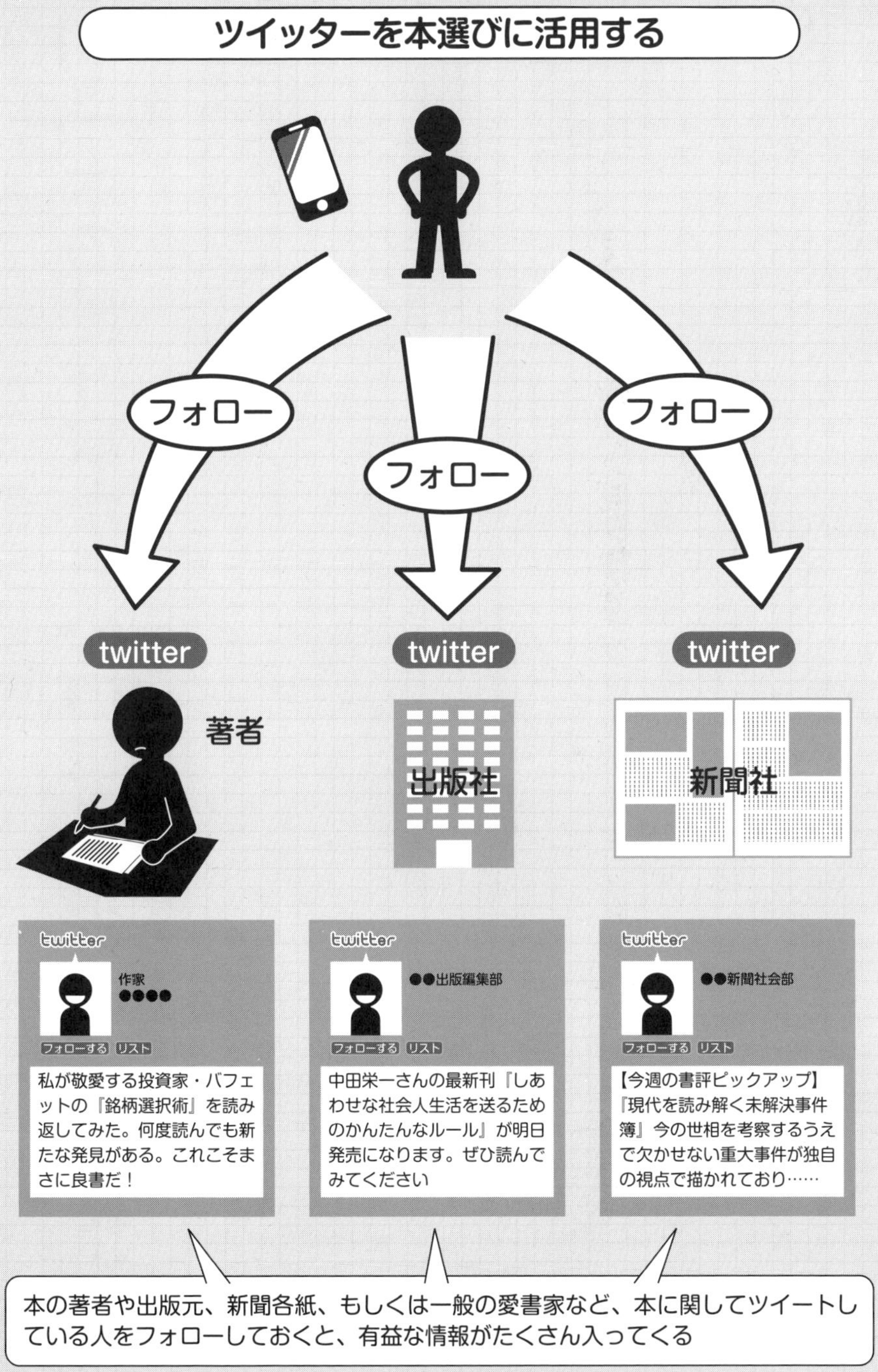
ツイッターを本選びに活用する
フォロー
フォロー
フォロー
twitter
twitter
twitter
著者
出版社
新聞社
twitter
作家
●●●●
フォローする リスト
私が敬愛する投資家・バフェットの『銘柄選択術』を読み返してみた。何度読んでも新たな発見がある。これこそまさに良書だ！
twitter
●●出版編集部
フォローする リスト
中田栄一さんの最新刊『しあわせな社会人生活を送るためのかんたんなルール』が明日発売になります。ぜひ読んでみてください
twitter
●●新聞社会部
フォローする リスト
【今週の書評ピックアップ】『現代を読み解く未解決事件簿』今の世相を考察するうえで欠かせない重大事件が独自の視点で描かれており……
本の著者や出版元、新聞各紙、もしくは一般の愛書家など、本に関してツイートしている人をフォローしておくと、有益な情報がたくさん入ってくる

Essence
09

良書は口コミで伝わることも多い
本の愛好家からの口コミ情報を大切にする

読書家からの口コミが良書との出逢いのきっかけに

ヒット商品のなかには、口コミによって次第に売り上げを伸ばすものが少なくない。大がかりな宣伝をしなくても、口コミでじわりじわりと火がついていき、最終的にケタ外れの大ヒットやロングランになることがあるのだ。

この口コミは、本選びでも大いに役に立つ。

たとえば、友人・知人、職場の同僚と雑談するときに、「何か面白い本読んだ?」「最近、気になった本はある?」などと聞いてみて、気になった本をチェックする。

読書家からの口コミは、特に大事にしたい。本好きな人の情報の信憑性は高いので、話題に挙がった本や薦められた本は書店で探してざっと目を通してみるといいだろう。このように習慣づけることにより、良書にめぐり合う確率が格段に高まる。

読書会で多くの人と情報を交換する

また、本好きの人々が定期的に集まるミーティングに参加する手もある。私が主催する「マックブックカフェ」という読書会では、1ヵ月に1回程度集まり、ひとりずつ自分の薦める本を3分間スピーチで紹介する。

各人が「どこに感動したか」「どんなふうにその本が役立ったか」などを自らの視点で熱く語るので、今まで自分が知らなかった本を〝知る〟ことができるし、「人に教えてあげる」喜びを味わうこともできる。また、本好き同士、話は尽きないから自然と打ち解け、人脈づくりにもなる。

周囲に読書好きがおらず、会合に参加する暇もないという人は、先に述べたツイッターでネット上の口コミを利用するといいだろう。

口コミの利用法

最近読んだ本のなかで、よかった本はある？
トニー・シェイという人の経営論・成功物語は面白かったよ
読書家の友人
話題にのぼった本、薦められた本があれば書店でチェック
書店へGo！
何気ない会話のなかで、お互いに読んだ本の情報交換をする

口コミを頼りに本を探せば、良書に出逢う確率がアップする

STEP UP 書店のＰＯＰも口コミのひとつ

書店員はふだんから膨大な量の本の情報に触れている。したがって、本選びの参考として彼らの口コミを利用するのもひとつの手になる。

書店員に直接尋ねてもいいが、わざわざ声をかけなくても、ＰＯＰ（ポップ）を見れば彼らの評価がわかる。

平積みの本を中心につけられているＰＯＰには、「泣ける！」「○○年の時を経て、ついに大作完成！」といった宣伝文句のほか、書店員の感想も書かれている。この感想が意外と本音が出ていて、本選びの際に参考になるのである。本をよく知る書店員の感想だけに、信頼性は十分にあるのだ。

Essence 10

本は買うべきか、借りるべきか……

無理して買うよりは図書館を利用するのも手

自分で買って読む

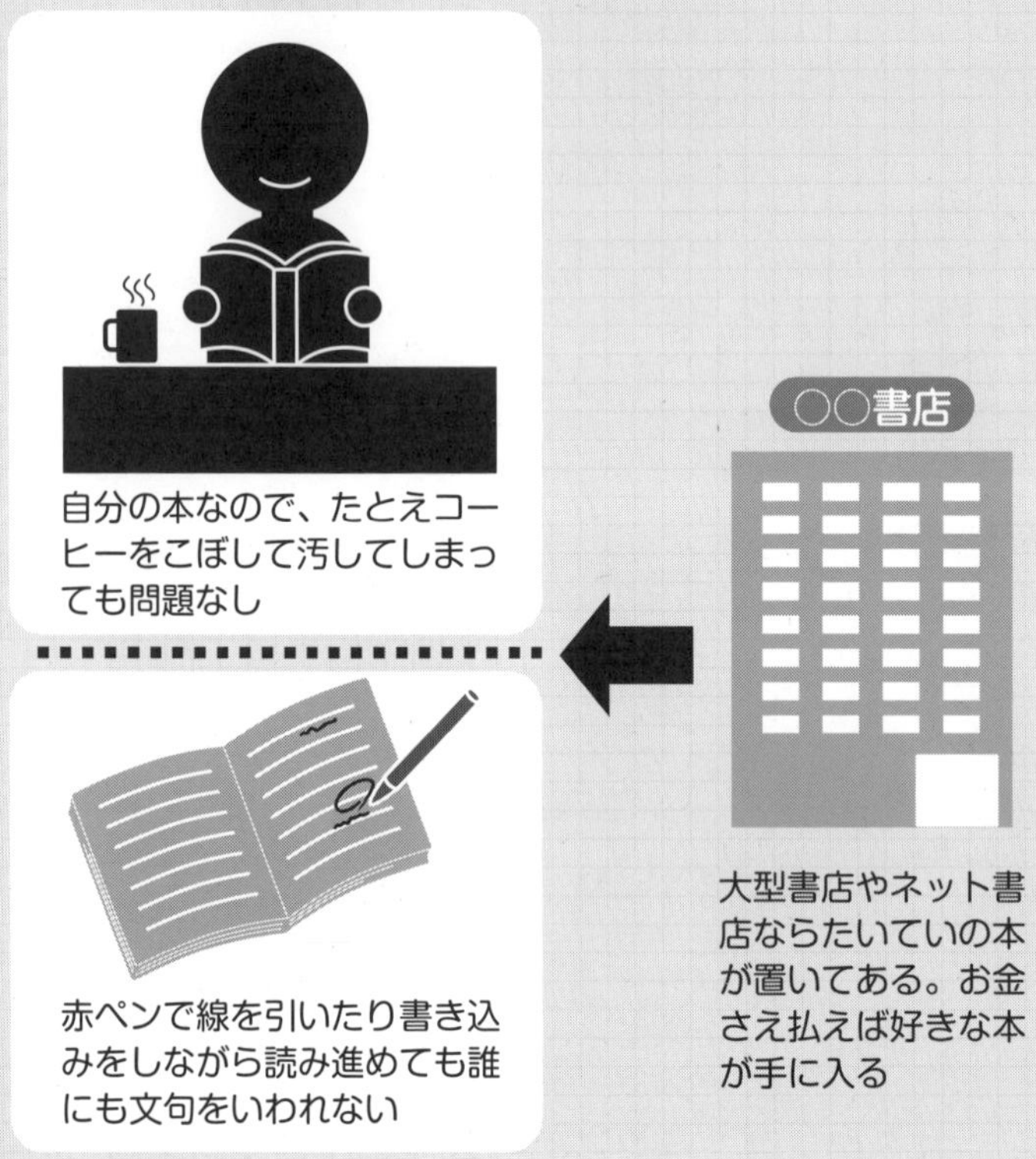

自分の本なので、たとえコーヒーをこぼして汚してしまっても問題なし
赤ペンで線を引いたり書き込みをしながら読み進めても誰にも文句をいわれない
○○書店
大型書店やネット書店ならたいていの本が置いてある。お金さえ払えば好きな本が手に入る

自費で購入した本はどんな使い方でもできる

本を手に入れるには自分で購入するか、人から借りるかというふたつの選択肢がある。

読書家の多くは、本は書店で買って読むべきだと主張する。

その理由は、まず借りた本を汚すわけにはいかないからだ。取り扱いに注意しなければならないので、コーヒーを飲みながら、ベッドで横になりながら……などと気軽に読書を楽しめない。

また、理解を深めるために線を引いたり、書き込みしながら読み

借りて読む

図書館の貸し出しは無料。どれだけ借りても金欠になる心配はない

中央図書館など大規模な図書館は蔵書が豊富。新刊を入荷するのも意外と早い

借りてきた本がハズレ本だったとしても、自分の懐が痛むことはない

STEP UP 本は誰から借りる？

読書家の人々は、誰から本を借りて読んでいるのか。「週刊東洋経済」の調査によると、本を借りて読む人のうち、70％以上が図書館と答えている。友人から借りる人が約30％、家族から借りる人が約15％だから、図書館利用者がいかに多いのかがよくわかる。

進めていく方法があるが、他人の本ではそれもかなわない。

こうした理由から、本は買って読んだほうがいいというのだ。

図書館で借りれば コスト削減につながる

この「本は買って読むべき」という主張には一理あるだろう。だが、読みたい本をすべて自費で購入できるという人は稀だし、せっかく買った本が良書でなくハズレ本であることも少なくない。

そこで経済的に余裕のない人、ハズレ本を買ってしまうリスクを回避したい人には、図書館で借りて読むことをお勧めする。

一度借りて読んでみて、何度も読み返したいと思ったときに書店で購入しても遅くない。

Essence 11

最近の図書館はこんなにも便利

読書世界がみるみる広がる図書館の使い方

大きく変わった公立図書館

かつて公立の図書館は、古い施設が多かった。外観だけでなく、蔵書が日焼けしていたり、閲覧席が足りないなど、あまり使い勝手のいい場所ではなかった。

しかし最近の図書館は、そうしたイメージとは程遠い姿になっている。民間企業への運営委託が進み、サービスの質は以前と比べてはるかに向上しているのだ。

たとえば東京の区立図書館のなかには、駅の出口から直結したビルに居を構え、蔵書数25万冊以上、閲覧席200席以上を設えた大規模な図書館がいくつかある。

そうした図書館をうまく利用すれば、良書にめぐり合える可能性が格段に高まる。

そんな図書館のサービスでぜひ利用したいのが、インターネットの蔵書検索サイトだ。自宅で読みたいテーマの本を検索サイトで探し、気になった本があれば予約してその日のうちに借りにいく。

読みたいテーマがはっきりしていなくても、何かしらキーワードを入力して検索すると、新刊、雑誌、洋書など膨大な関連書がヒットする。

また、「こんな資料を探している」「どうやって調べたらいいかわからない」というときには、レファレンスカウンターで尋ねると相談にのってくれる。

予約者が多い本は競争率の低い図書館で借りる

さらに、最近は新刊でも早く入荷するが、人気の本になると何百件と予約が入っていて、なかなか借りられないということがよくある。しかし、たとえば利用を区民だけに制限している図書館などを狙って予約したりすると、意外と早く自分の順番が回ってくる。

図書館利用のコツ

検索

インターネットを利用する

蔵書検索サイトでキーワードを入力して検索すると、新刊、雑誌、洋書など膨大な関連書がヒットする。

□東京都立図書館　http://www.library.metro.tokyo.jp/

「統合検索」のページで東京の公立図書館の蔵書が調べられる

□カーリル　http://calil.jp/

全国の図書館の蔵書やその本が貸出中かどうかを調べられる

相談

レファレンスカウンターで尋ねる

「こんな資料を探している」「知りたいことをどうやって調べたらいいかわからない」といったとき、担当者が資料や情報を探す手伝いをしてくれる

予約

利用者限定の図書館を狙う

何百件と予約が入っていてなかなか借りられない人気の本は、区民だけに利用を制限している図書館などを狙って予約すると、待ち時間が少なくてすむ

タイトル	受取館	予約日	受付	予約順位
断捨離のすすめ	☑	2010912	館外Web	135位
ようこそ断捨離へ	☑	2010912	館外Web	73位
ブレイズメス1990	☑	2010918	館外Web	190位
アリアドネの弾丸	☑	2010918	館外Web	46位
無力感は狂いのはじまり	☑	20101113	館外Web	4位
記録の中の殺人	☑	20101119	館外Web	6位
災園	☑	20101125	館外Web	11位

Essence 12

売れている本＝良書ではないが……

ベストセラーは読んでおいて損はない

ベストセラーが良書とは必ずしもいえない

本好きにとって気になる存在なのがベストセラーランキング。本選びの際、参考にしているという人は意外と多い。

しかし、ベストセラーランキングに入る本だからといって、必ずしも良書であるとは限らない。

ベストセラーになるには不特定多数の人々に読まれる必要があるので、誰にでもわかりやすい内容になりがちだ。

そのため、読み応えのある本を求めている読者のなかには読了後、「なぜこんな本が売れているのか」と疑問に思う人が少なくないのである。

また、雑誌や新聞のランキング調査は全国津々浦々の人々を対象にしているわけではない。たいていはどこか特定の書店のランキングを参考にしているので、その書店による客層の偏りが出てしまう。

さらに、ネット書店のランキングは、時間ごとにリアルタイムでカウントされるようになっており、一定時間に集中して「買い注文」が入れば、売れ行きのよくない本でも、その瞬間上位にランクインすることになる。

ベストセラーで時代の空気を読む

とはいえ、売れる本には何かしら売れる理由があるものだ。特にベストセラーランキングの上位に入るような本は、時代の流れをうまく捉えていたり、切り口が斬新だったりといった具合に、見るべきポイントがある。

したがって、特別に興味がわかない本であっても、売れ線の本であるならば、実際に手にとって本の内容を確認してみるといい。パラパラとページをめくっているうちに、人気の理由が見えてくる。

ベストセラーを読むか否か

特に読みたい内容
じゃないけど…
どうしようか？
今月のベストセラー
第1位
第2位
第3位
第4位
第5位
第6位

売れ線の本を読むメリット

- 時代の潮流がわかる
- 世の中のニーズを考えるきっかけになる
- 話題に乗り遅れずにすむ

ベストセラーはとりあえず読んでおいたほうがいい

Essence 13

未知の分野を勉強するときに選ぶ本は？

背伸びをせずにまずは入門書から手をつける

入門書には2タイプあるが……

職場で部署が変わったり、新事業に乗り出すといった場合には、〝勉強〟することが必要になる。それまでにまったく経験のない、新しい分野を学ぶ場合、最初に読むべきはやはり入門書である。ただし、入門書であれば何でもいいというわけではない。

入門書には一般向け入門書とその分野で第一人者といわれる人が書いた教科書的入門書があるが、後者を選ぶ。それなりの実績をもっている人の本なら安心感がある

未知の分野を学ぶための選書術

STEP1

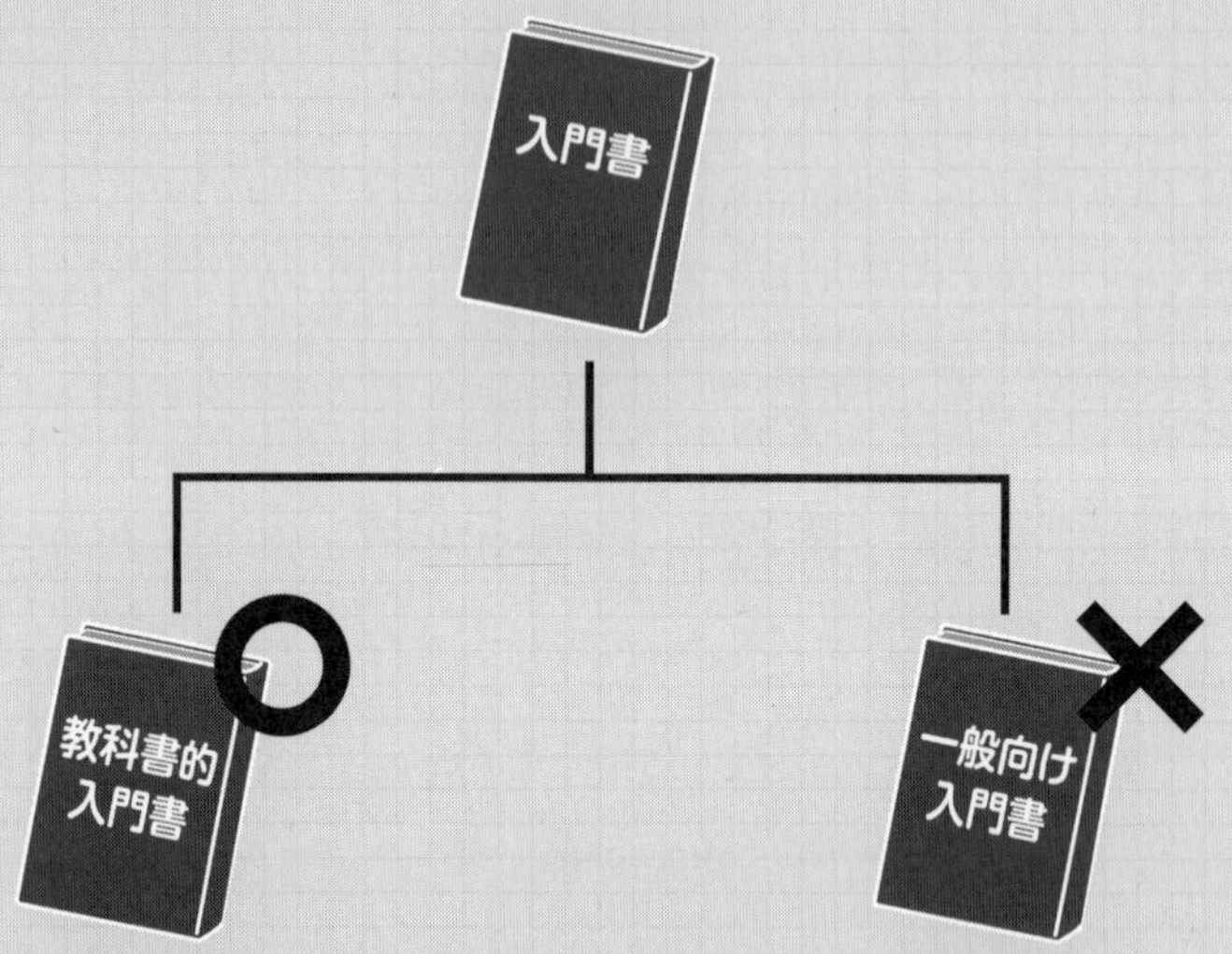

その分野の第一人者が書いた教科書的入門書を選ぶ

肩肘《かたひじ》張らずに読める一般的入門書もいいが、それなりの実績をもった著者が書いた教科書的入門書を１冊選んで読む

STEP2

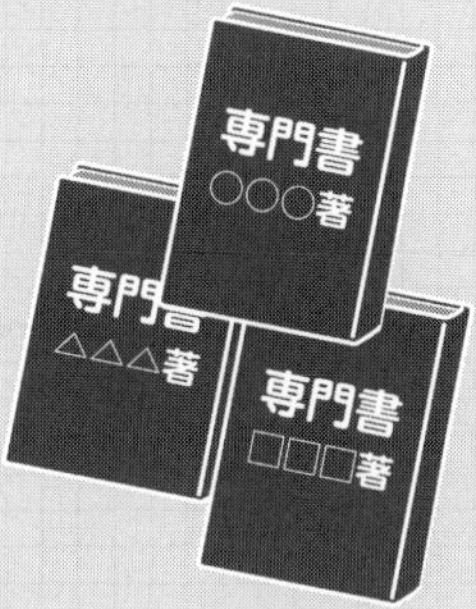

少しレベルアップした本を読む

入門書よりも内容が濃く、少し難しい本を3～5冊選んで熟読する。同じ著者の本にならないように注意

STEP3

もう一度、入門書を読む

さらに難しい本を読むのではなく、入門書を再読する。すると最初に読んだときに気づかなかった部分が見えてきて、理解を深めることができる

入門書→専門書→入門書の順番で、未知の分野を攻略する

し、入手もしやすい。第一人者が書いた入門書を1冊選び、基本的な用語や構造を理解していく。

2冊目は少しレベルの高い本を選ぶ

読み終わったら、次は少しレベルの高い本を複数買って読む。

ここで気をつけたいのが、同一の著者の本ばかりにならないようにすることだ。

いくら第一人者とはいえ、その人の考え方が唯一絶対ではない。別の著者は、また違った展開でのアプローチや切り口を変えた説明をしていることが往々にしてあるから、著者がかぶらないような選書を心掛ける。

そして最後に入門書を再読。これでより深い理解が得られる。

Essence 14

実力アップにつながるビジネス本の選び方

派生本は避けて元本になっている本を読む

元本を読めば お金や時間の節約につながる

今の世の中、ビジネス本が溢れている。企画力を上げる本、営業実績アップにつながる本、スタッフを思いどおりに動かす本……ビジネス本はあまりに多くありすぎて、どれを選んでいいかわからないという人が少なくない。

そんな人にお勧めしたいのが、〝元本〟を読むことだ。

実はビジネス書というのは、先達の名著を元に再構成した本が多い。たとえばマネジメントのノウハウ書は、ドラッカーの『マネジメント』という名著から派生した本であることが多く、ドラッカーの影響を受けていない本を探すほうが難しいくらいだ。

であれば、派生本を数冊読むよりも、元本を読んだほうが、金額的にも安くすむし、時間もムダにならないのではないだろうか。

思い切って 先輩や上司に尋ねてみる

もうひとつ、同じ会社の先輩や上司にお薦めのビジネス書をアドバイスしてもらうという方法もある。「早く一人前になれるようになる本を読んで勉強しようと思うのですが、どんな本を読んだらいいでしょうか」と質問してみるのだ。その人が読書家ならば、迷うことなく的確な本を紹介してくれるに違いない。

また、ふだん近づきがたい先輩や上司でも、アドバイスを求めることでコミュニケーションをはかれるというメリットもある。

紹介された本を読んだ後であれば、その本について雑談することもできる。

みな意外と気づいていないが、実は読書は非常に効果の高いコミュニケーションツールでもあるのである。

ビジネス書の賢い選び方

Case 1　元本を読む

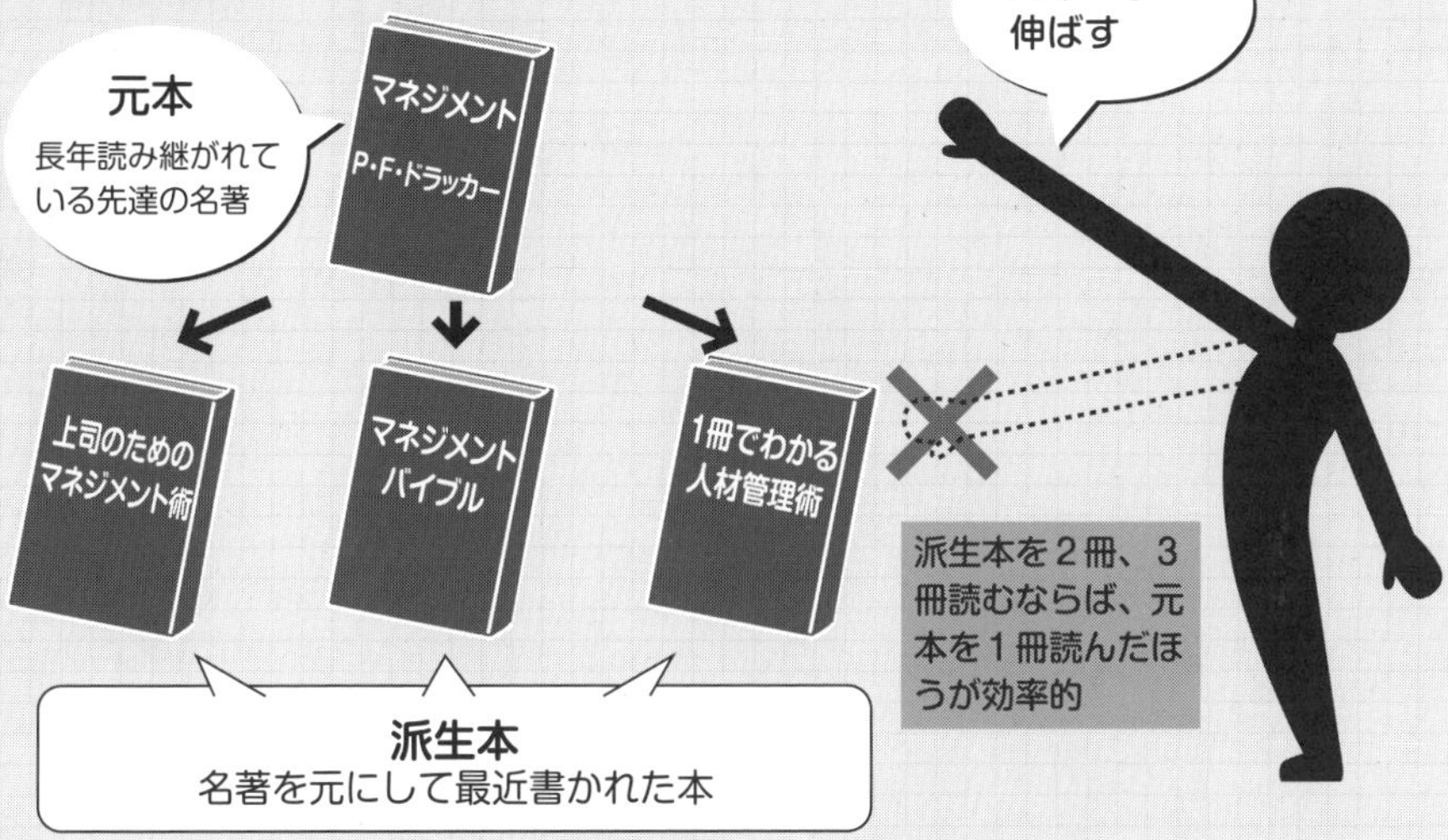
元本に手を伸ばす
元本
長年読み継がれている先達の名著
マネジメント
P・F・ドラッカー
上司のためのマネジメント術
マネジメントバイブル
1冊でわかる人材管理術
派生本を2冊、3冊読むならば、元本を1冊読んだほうが効率的
派生本
名著を元にして最近書かれた本

Case 2　先輩や上司に尋ねる

大崎部長、お薦めのビジネス書を教えてください！

先輩ビジネスパーソンとして、読むに値する本を教えてくれる

STEP UP　ライバルに出し抜かれないために

ビジネス書を選ぶ際には、話題になった本をおさえるクセをつけておきたい。話題になっているということは、多くのビジネスパーソンがその本を読んでいるということを意味する。あなたのライバルも読んでいる可能性が高いので、知識量で負けないためにも、注目された本は、一度目を通すようにしておこう。

Essence 15

それでもハズレ本を引いてしまったら……

ハズレ本があってこそ良書もあると心得る

どんな目利きでも必ずハズレを引く

ここまで、ハズレ本を避けて良書を選ぶためのノウハウを紹介してきた。しかしながら、本選びがどんなに上手になったとしても、ハズレ本を選ぶことは避けられない運命にある。どんな目利きでも、ときにはハズレ本をつかんでしまうものなのだ。

ハズレ本を選ぶ確率がどれくらいかというと、私の場合は10％くらいだろうか。明治大学教授の斎藤孝氏も、選んだ本のうち納得できる本の割合が6割6分6厘を上回れば上出来だと述べている。

つまり本選びは、ある程度ハズレ本を引く覚悟をしたうえで行なうべきなのだ。

人との出逢いは、すべてハッピーエンドで終わるとは限らない。それと同じように、本との出逢いもたまに失敗があると心得ておくのである。

かつてのハズレ本が今は良書ということも……

また、本の評価は常に一定ではなく、変化することがある。

たとえば、こんな話がある。ひとりの書評家が駆け出しの頃、ある本の評価を1つ星とした。ところが、その本を数年後に読み返してみると、かつての辛辣な評価が妥当なものだったかどうか迷いが生じた。確かに当時の感想としては面白くない本だったが、その後、自分の置かれている状況が変わり、著者に共感できるようになったというのだ。

また、ある本の評価を3つ星として自身のブログに載せ、その後、一度読んだ本とは気づかずに再び同じ本を読むと、今度は5つ星の評価が妥当だと感じたという。同じ人が同じ本を読んでも、そのときの読み手の心情や成長レ

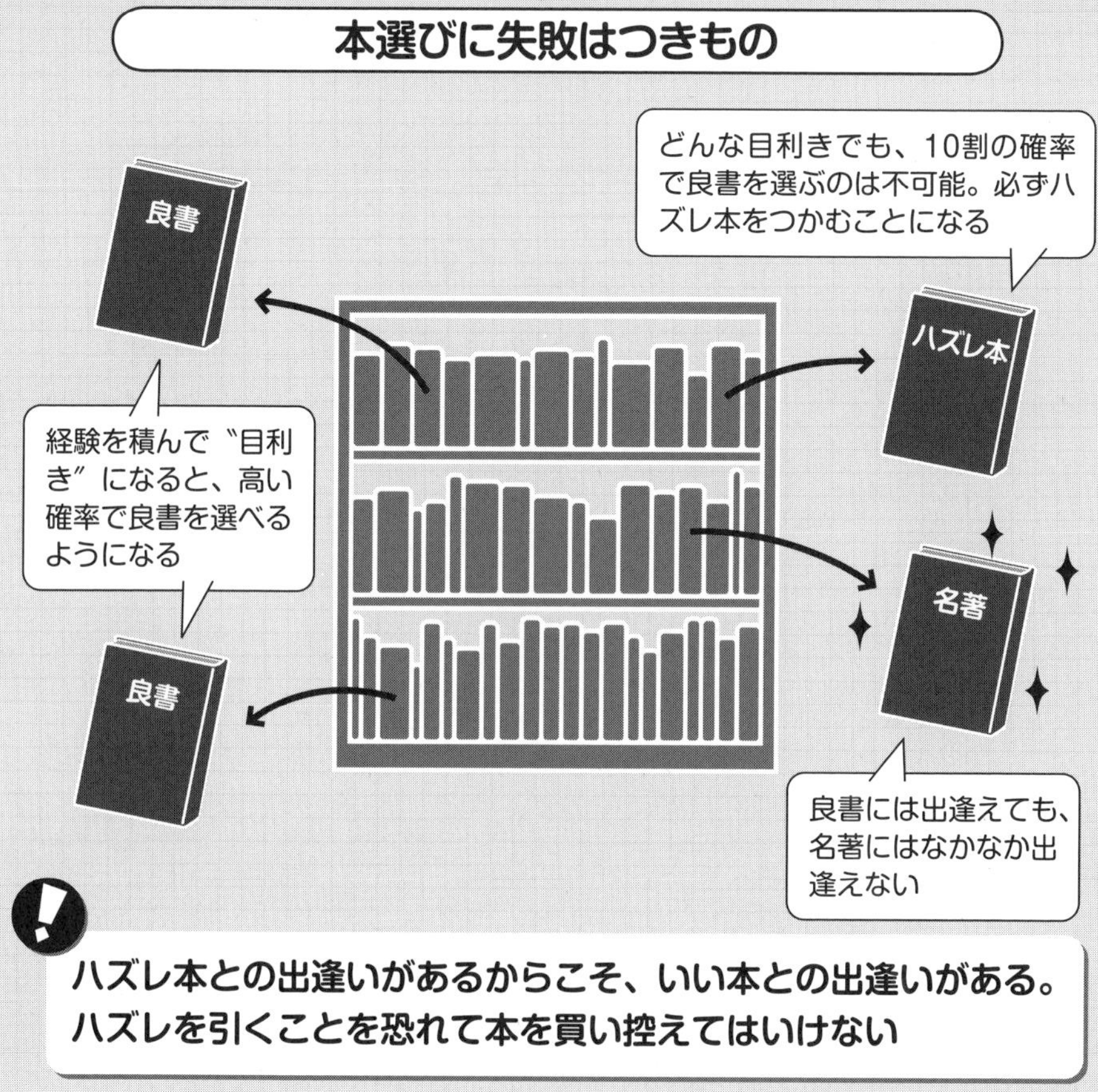
本選びに失敗はつきもの
どんな目利きでも、10割の確率で良書を選ぶのは不可能。必ずハズレ本をつかむことになる
良書
ハズレ本
経験を積んで〝目利き〟になると、高い確率で良書を選べるようになる
名著
良書
良書には出逢えても、名著にはなかなか出逢えない
ハズレ本との出逢いがあるからこそ、いい本との出逢いがある。
ハズレを引くことを恐れて本を買い控えてはいけない

ベルなどによって、本に対する評価は変わるのだ。

　このことは、恋愛未経験のときと、失恋を味わった後では、小説や詩への感受性が違ってくることからもわかるだろう。

本との出逢いも一期一会

　このように、本への評価は普遍的なものではなく、その時々によって変わる。したがって、「この本はハズレ。失敗した。古本屋に売ってしまおう」などと考えず、何年後かに読み返してみるなり、その本を好みそうな人にプレゼントするなりして、一度出逢った本との〝縁〟を大切にするようにしたい。

　一期一会という言葉があるが、本との出逢いも一期一会なのである。

推薦本

松山真之助がお薦めする名著・良書

ビジネス力アップに役立つ本

『なぜ、あの人の周りに人が集まるのか？』

志賀内泰弘／PHP研究所

ある閉店寸前のコンビニを舞台に、副店長のヒロインとバイトのおせっかいおばちゃんを描く物語。心がほっこりしながら、ビジネスで大事なことや、よい顧客関係性を築くための秘訣《ひけつ》がわかる1冊である。

『マグロ船仕事術』

齊藤正明／ダイヤモンド社

ワンマン上司の命令でマグロ船に乗せられるハメになった著者が、過酷な体験のなかで学んだことをビジネスにも活かせるエッセンスとして解説。マグロ船のなかで繰り広げられる人間模様から、大事なものがたくさん見えてくる。

『ストーリーとしての競争戦略』

楠木建／東洋経済新報社

競争戦略は、「誰に」「何を」「どうやって」提供するかという企業の「打ち手」によって構成されており、それらがつながり、組み合わさり、相互作用するなかではじめて長期利益が実現される。そのことを面白く学べる１冊。

郵 便 は が き

お手数ですが、
50円切手を
おはりください。

151-0051

東京都渋谷区千駄ヶ谷 4-9-7

(株) 幻冬舎

「賢人の読書術」係行

ご住所 〒□□□-□□□□ Tel.(- -) Fax.(- -)			
お名前	ご職業		男
	生年月日 年 月 日		女
eメールアドレス：			
購読している新聞	購読している雑誌	お好きな作家	

◎本書をお買い上げいただき、誠にありがとうございました。
質問にお答えいただけたら幸いです。

◆「賢人の読書術」をお求めになった動機は？
① 書店で見て ② 新聞で見て ③ 雑誌で見て
④ 案内書を見て ⑤ 知人にすすめられて
⑥ プレゼントされて ⑦ その他（ ）

◆本書のご感想をお書きください。

ご記入いただきました個人情報については、許可なく他の目的で使用することはありません。

ご協力ありがとうございました。

壁にぶつかったときに読む本

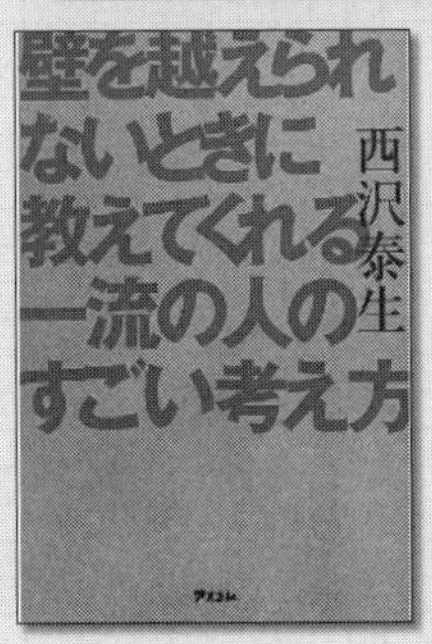

『壁を越えられないときに教えてくれる一流の人のすごい考え方』

西沢泰生／アスコム

50年も米づくりをしている農家の人に、カメラマンがした質問。「今年のお米の出来はどうですか？」農家の人は「僕はまだ、50回しかつくったことがないですから」――こういうシビレる考え方がクイズ形式で展開される。

『首長パンチ』

樋渡啓祐／講談社

著者の樋渡氏は、佐賀県武雄市の現役の市長。舞台は、何度も何度も、そして何度も暗転するが、そのたびに樋渡氏は事態を打開していく。正義を貫く〝力弱い勇者〟のリアルタイムストーリーは、私たちを元気にする。

『人生に悩んだら「日本史」に聞こう』

ひすいこたろう&白駒妃登美／祥伝社

歴史の秘話から読み取れる知恵と勇気とカッコよさを伝えてくれる。島津斉彬、島津重豪のエピソードからは、夢と志の違いがよくわかる。～「for me」を夢とするならば、志は「for you」です。～なるほど、ナルホド！

〝気づき〟を与えてくれる本

『おいべっさんと不思議な母子』

喜多川泰／サンマーク出版

いじめなど子どもの問題は、子どもだけの問題ではない。それはある意味、大人社会を映す鏡ともいえる。本書は、小学生と中学生が直面した悩みを不思議な母子が解決に導いていく物語。大人の社会問題への深い問いが印象的だ。

『未来記憶』

池田貴将／サンマーク出版

人間は感情に支配されて、意思決定し行動する。自分の感情をコントロールするのは誰にとっても難しいが、「意味づけ」によって、感情をコントロールできるようになることを教えてくれる1冊。

『選択日記』

シーナ・アイエンガー／文藝春秋

盲目のアイエンガー教授いわく、人生は「運命」「偶然」「選択」に影響されており、運命と偶然はコントロールできないが、選択だけは自分の意思で行なえる。本書には、人生を素敵にするための〝選択のコツ〟が書かれている。

Chapter 3

本を読み、活かすための「インプット・アウトプット術」

藤井孝一

本をただ読むだけでは意味がない。重要なのはいかに効率よく情報を得て、それを使える知識にするかということ。知っていそうで知らないインプット&アウトプットのテクニックを紹介する。

Koichi Fujii

1966年千葉県生まれ。株式会社アンテレクト代表取締役。慶應義塾大学文学部卒業後、大手金融会社でマーケティングを担当。アメリカ駐在から帰国後、中小企業と起業家の経営コンサルタントとなる。また、ビジネスパーソナル全般の知識武装のサポートのために著作やメルマガなどで情報発信を続けている。

Essence 01

本の内容をいかに自分の血肉とするか？

インプット作業には3つの重要ポイントがある

効率がよくて質の高い読書をめざす

前章では本の選び方について考えてきたが、本章では選んだ本をいかに読み、いかに自分の血肉としていくかを考えていく。

まずは本の読み方、いわゆるインプットの仕方から紹介しよう。

本は最初のページから読んでいけばいいのではないかと思っている人も多いだろうが、それでは効率的で質の高い読書にならない。そもそも読書は、

①読む準備をする

②実際に読む

③活かすための準備をする

という3段階から成り立っており、各段階で注意すべきポイントがある。それをおさえておかないと、有意義な読書にならないのである。

各段階での重要ポイントとは？

「読む準備をする」段階では、本を読む目的を明らかにすると同時に、本の全体像を把握する。また、時間や場所など、読むための環境を整えたり、読む際に必要な道具を用意する。

次の「実際に読む」段階では、重要な部分にラインを引いたり、キーワードを括弧でくくったりして情報を集め、気づいたことや自分の意見を余白に書き留める。

最後の「活かすための準備をする」とは、本を読み終えたあとに、活用のための準備をするということ。つまりアウトプット、情報発信の準備である。この段階では、本の重要な部分を記録、概要を図にまとめるといったことを行なう。

これらのポイントをおさえながら本を読んでいけば、読書はより有意義なものになる。

次項からは、各段階について詳しく見ていこう。

読書の3段階

第1段階

読む準備をする

・本を読む目的を明らかにする
・本の全体像を把握する
・読書のための時間や場所を整える
・読書に必要な道具を用意する

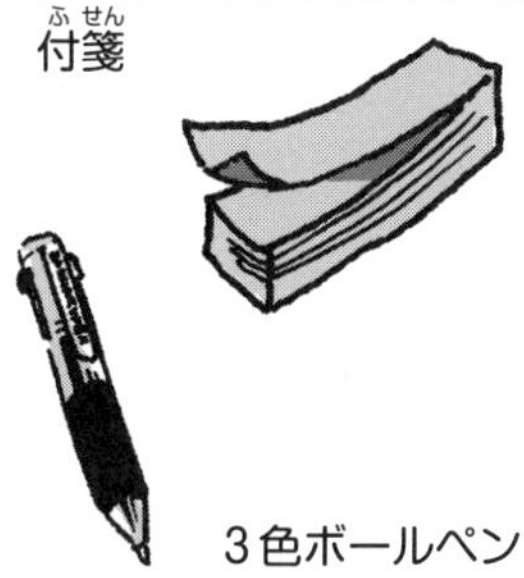
付箋《ふせん》
3色ボールペン

第2段階

実際に読む

・重要な部分に付箋を貼ったり、
キーワードをくくったりして
情報を集める
・本の内容を理解する
・気づきや自分の意見をもつ

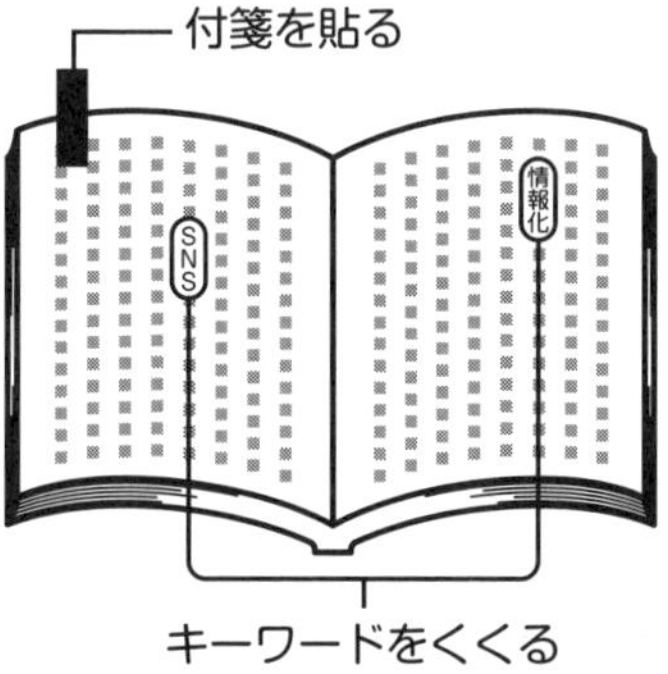
付箋を貼る
SNS
情報化
キーワードをくくる

第3段階

活かすための準備をする

・重要箇所を記録する
・概要を図にまとめる　など

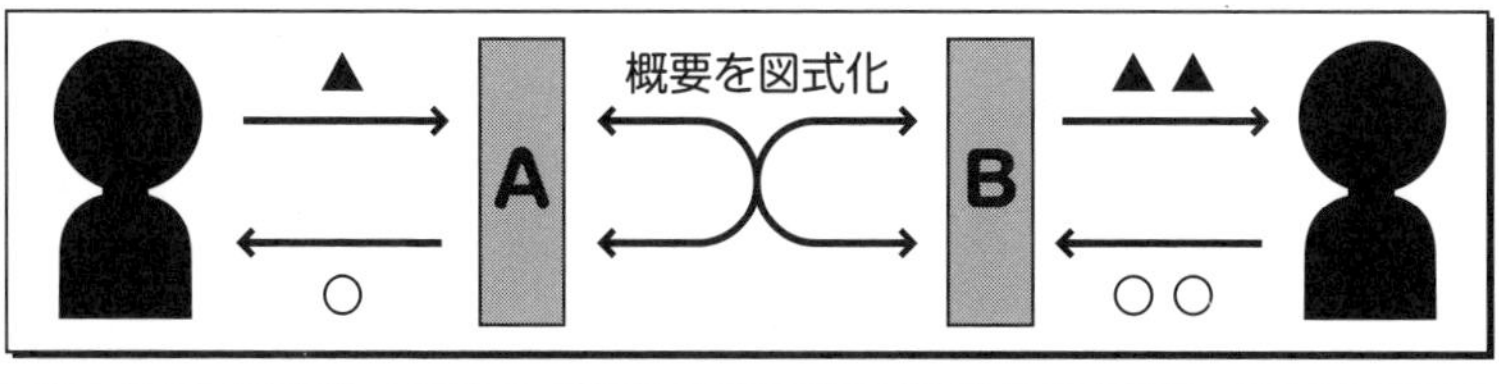
▲
概要を図式化
▲▲
A
B
○
○○

Essence

02

まずは読む前の準備運動から

目的をはっきりさせると読書の質が高まる

“準備運動”をしてから本を読む

人は運動をする前に準備運動をする。この準備運動がいかに大切かは、誰もが知っているだろう。きちんとウォーミングアップしておかなければ、本番で優れたパフォーマンスを発揮できない。

実は、これは読書も同じだ。より効果的で質の高い読書をするには、読む前の準備運動が欠かせないのである。

具体的に何をするのかというと、読む目的を確かめることだ。小説などの娯楽本なら、何も考えずにじっくり味わいながら読んでも何ら問題はない。しかし仕事上の必要があって読む本は、深く読むよりも数多く、しかも効率的に読まなければならない。そこで本を読む前に、「自分の仕事に活かしたい」「考える力を強化したい」「最新のビジネス事情の知識を得たい」など、その本を手にした目的を改めて明確にしておくのである。

このプロセスをしっかり踏んでおくことにより、目的を果たすことに意識を集中して読み進めることができる。逆に目的をはっきりさせずに本を読むと、「ああ、そうか」「すごい。驚いた」という受け身だけで終わってしまい、本から得られるものが限られてしまう。

「目次＝航海図」を確認して読書という名の大航海へ！

読書の目的を再確認したら、次にすべきは全体像の把握である。目次を見て、本の全体の構成と意図を確認する。

読書を大海原への航海に見立てれば、目次は航海図となる。本を読んでいると、全体よりもディテールに目がいってしまい、自分が読書という航海のなかでどこにたどりつきたいのかわからなくなることがある。そうした事態に陥る

目的確認が重要なわけ

Good Case 目的をはっきりさせる　**Bad Case** 目的確認をしない

考える力をつけたい
最新のビジネス事情を知りたい
自分の仕事に活かしたい
?
?
?

目的を果たすことに意識を集中でき、読書が有意義なものに

「ああ、そうか」という受け身の読書で終わってしまう

本を読む前に読書の目的を確認するように習慣づける

のを防ぐために、目次で全体像をはっきりつかんでおく。

目次を確認したあとは、本をざっとめくって各章の見出しや小見出しをチェックする。この作業によって、どのあたりを重点的に読めばいいのか、自分のなかであたりをつけるのだ。

STEP UP

カバーや帯の取り扱い

本についているカバーや帯は、あくまで読者に購入してもらうためのもの。選書の際には参考になっても、読むときには邪魔にしかならない。したがって、カバーや帯は全部外して読みやすい状態にしておく。また、読みやすい本にするために、なめし作業も忘れない。各章の扉のページを180度に開いて折り目をつける。こうすると本が開きやすくなるだけでなく、手になじむようにもなる。本が傷む感じはするが、重要なのはいかに読みやすくするかであって、見た目を保つことではないのだ。

Essence 03

マーキングやメモ書きで本の内容を頭に刻む

読書中はどんどん線を引け！

3色ボールペンが理解を助ける

読書の目的を確認し、本の全体が把握できたら、読む際に必要な道具を用意する。

読書中に思いついたアイデアをメモしておくノートや書き込み用のペン、重要なページに貼りつける付箋などを携帯している人が多いが、ぜひ用意してほしいのが3色ボールペン。3色ボールペンで重要だと思ったところに直接線を引いたり、書き込んだりしながら読み進めていくのである。

本を汚したくないという人もいるかもしれないが、「本は汚してよいもの」と割り切って考えてしまおう。学生時代、参考書には何のためらいもなくマーキングしたりメモ書きしていたことだろう。それと同じで、本にも書き込みして汚してしまって構わないのだ。

読み返したときのことも考えて線を引く

まずは気になったところに3色ボールペンで線を引く。たとえば「青→黒→赤」の順に重要度を分けて線を引く。読書は流れが大事で、線を引くことでリズムを崩すのはよくないから、重要度の判断は直感に任せて引いていく。

このときのコツは、あとで見返したときに重要な部分が一目でわかるようにしておくことだ。

縦書きの本なら上部に横線を、横書きの本なら左部に縦線を、それぞれ数行分まとめて引けばいい。

そのなかで特に重要な部分には行頭に「●」をつけたり、キーワードやキーフレーズを「　」や○などでくくったりしておく。さらに疑問に思った部分には「？」、感心した場所には「！」をつけるなど、自分なりの感性でマークする。こうすることによって、あなたの読書は驚くほど捗《はかど》るはずだ。

読書のマストアイテム

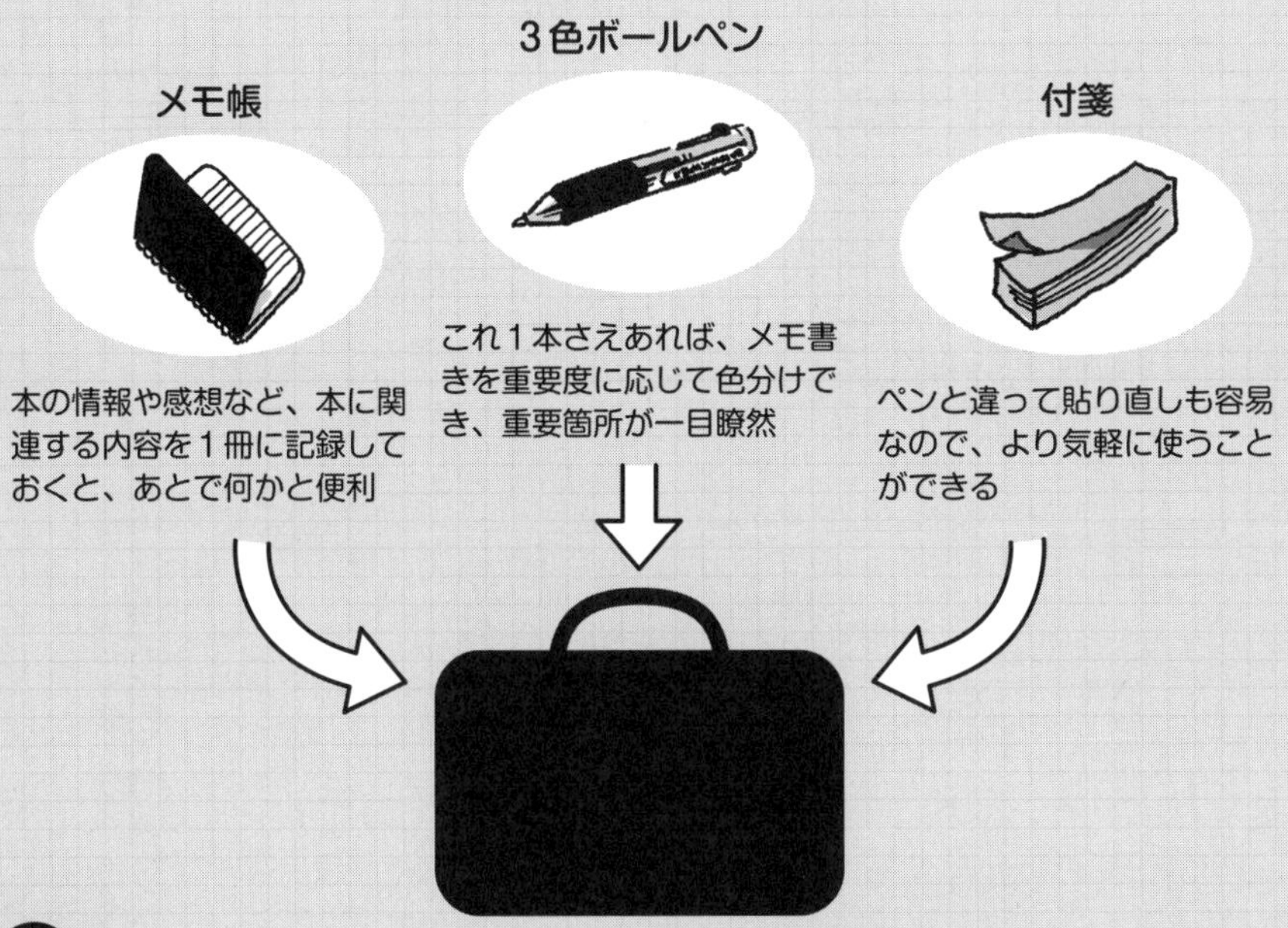
3色ボールペン
メモ帳
付箋
これ1本さえあれば、メモ書きを重要度に応じて色分けでき、重要箇所が一目瞭然
本の情報や感想など、本に関連する内容を1冊に記録しておくと、あとで何かと便利
ペンと違って貼り直しも容易なので、より気軽に使うことができる

多読の習慣がつくと、3色ボールペンや付箋の消費量がハンパではなくなるので、在庫を切らさないようにする

STEP UP 難解な部分に突き当たったときはどうする？

内容が難しくて思うように理解が進まない箇所は、ペンでなぞりながら慎重に読むようにするといい。そしてキーワードを「　」でくくり、それぞれの言葉の関係性を考えてみる。たとえば、対立関係ならば「←→」、類似関係ならば「＝」、並列関係ならば①②③といった具合だ。

難解な言葉が出てきたときは、自分になじみのある言葉に置き換えてみる。近年はコンピュータ用語の普及でカタカナ語が多いが、そうした場合はコミュニケーションなら「やりとり」、プロトコルなら「決まり」、コンバージョンなら「成約」などと日本語に置き換えるとしっくりくることがある。

それでも理解できなければ、とりあえずチェックだけして読み飛ばす。重要な言葉ならあとで再び出てくるはずだし、読んでいるうちに自然にわかることもあるからだ。

Essence

04

読書中に浮かんだ発想を大事に

インプット力をアップさせるメモ書きのコツ

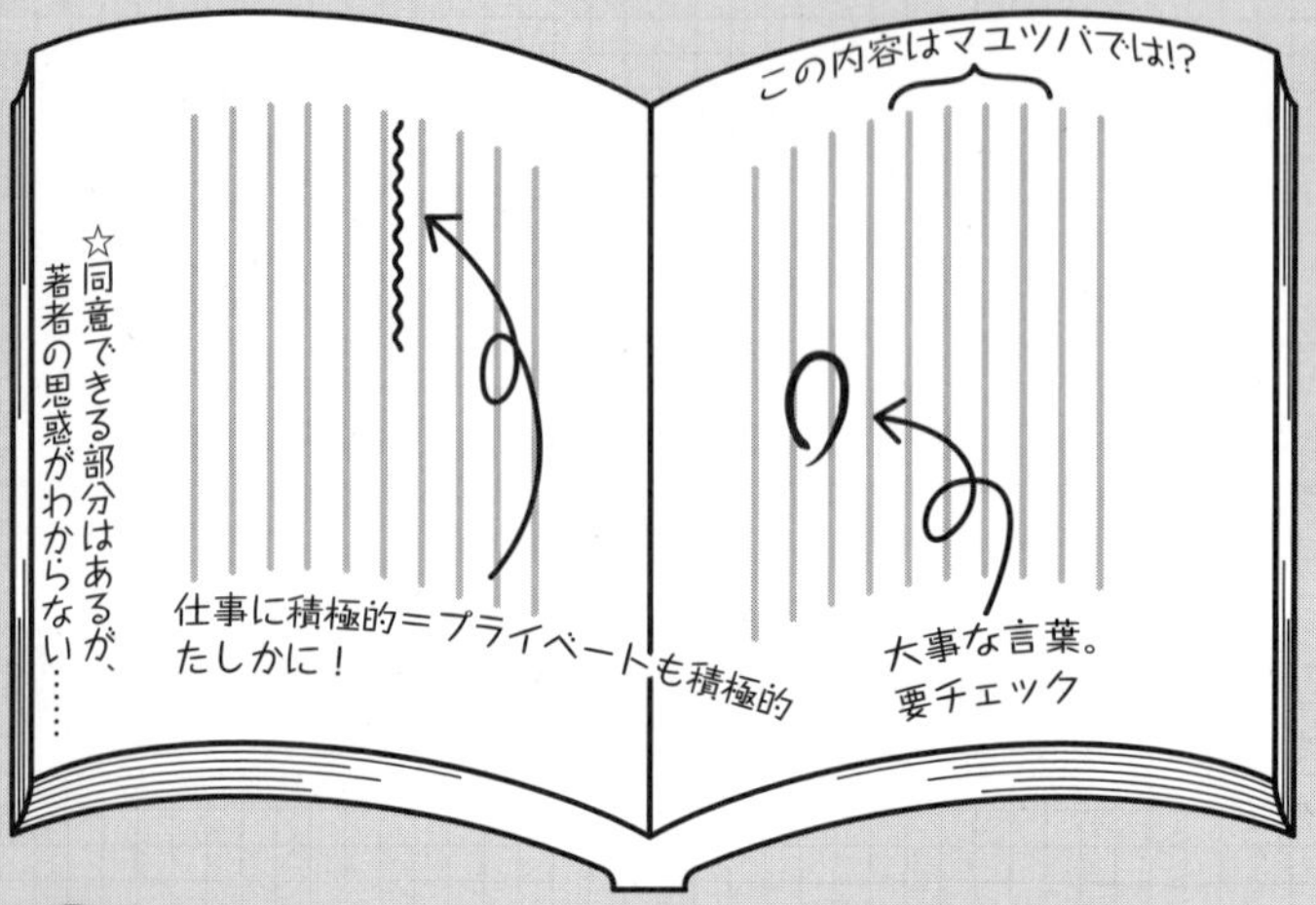
☆同意できる部分はあるが、著者の思惑がわからない……
仕事に積極的＝プライベートも積極的
たしかに！
この内容はマユツバでは!?
大事な言葉。要チェック

メモ書きは該当する文章のすぐそばに、短い文章で記す。特に重要な箇所は、スマートフォンや携帯電話のカメラで撮影して保存しておく

読書中に感じたことを本に書き込む

3色ボールペンを使ったテクニックについて、もう少し触れておきたい。

本を読み進めていくと、疑問に思ったり賛同したり反論したくなったりと、色々なことが頭に浮かんでくるだろう。この着想は読書したからこそ得られたものであり、放置してしまうのはあまりに惜しい。

そこで自分が感じたことを、3色ボールペンでそのまま本に書き込んでしまうのだ。

STEP UP 余白ページをメモ帳として活用する

メモ書きすることがあまりに多くて、文章の上下の余白だけではスペースが足りないという場合、わざわざ別のノートを用意したりせず、本の表紙の裏や扉の裏、章と章の間の余白ページを活用するといい。

何か気づきがあれば、余白ページに立ち返ってどんどん書き加えていく。読書に慣れると、見開き1ページ程度の余白スペースに本1冊分のエッセンスを書き込めるようになる。

また、余白ページは、ノートや手帳の代わりとして使うこともできる。

たとえば、電車のなかで座っているときに、プレゼンテーションの案を思いついたとする。こういう場合、ノートやメモは台がないと書きにくいが、ハードカバーの本ならば、表紙が硬いので台がなくても簡単に書き込むことができるのだ。

書き込みするときのコツ

疑問
賛同
反論
読書中に浮かんだ着想は放置せずにメモする！

文章のすぐそばに短い言葉でまとめる

書き込みをするうえでのポイントはふたつある。

ひとつは、該当する文章のすぐそばに書くことだ。読書の流れを妨げないように注意しつつ、着想を得たらすぐに書き記す。こうすれば、あとで見直したときに文章と一緒に目に入ってきて、自分がどの部分で何を思ったかが一目瞭然となる。もうひとつのポイントは、できるだけ短い言葉で書くようにすることである。ダラダラ書くと読書の流れを止めてしまうので手短な言葉を心掛ける。

自分が書いた言葉であれば、短くても少々汚い文字でも十分に理解できるはずである。

Essence
05

メモ書きが苦手な人はどうするか？

自己流の図解をつくって記憶にとどめる

図解を用いて本の全体像をイメージする

読書の基本は、線を引いたりメモ書きしたりしながら読むことにある。しかし、それだけでは本の内容を理解するのは難しいという人もいるだろう。また、メモ書きを見ても、書いてある内容がただの抜き書きになりがちで使えないという人もいるかもしれない。

そもそも脳は、本やノートのような2次元ではなく3次元空間。思考はその空間を自由に動いているため、文章だけで全体像を把握することは思いのほか難しい。

そこでお薦めしたいのが図解を用いる方法だ。

図は内容を噛《か》み砕き、ある程度理解してからでないと描けないが、これができれば、全体像をイメージとして把握できる。また、キーワード同士の関連がわかったり、重要ポイントが何かということも見えてくる。

マインドマップでなくとも自己流で十分

図解の方法としては、イギリスの教育者トニー・ブザンが提唱する「マインドマップ」と呼ばれる方法論が注目されている。脳の構造をヒントに複雑な概念を放射線状に広げながらカラフルにメモしていく方法で、視覚的なインパクトが強いから記憶に残りやすい。

しかし、マインドマップを作成するには時間がかかる。単なるメモ書きに時間をかけていては効率的とはいえないので、図解の方法は自己流でいいだろう。

まずは普及した手法を導入し、少しずつ自己流にアレンジしていく。たとえば○や△、□などの図解枠を描き、キーワードを線で結んで情報を整理する。これだけのプロセスでいい。堅苦しく考えず、気楽に取り組むのがコツである。

自己流の図解メモ

マインドマップ

イギリスの教育者トニー・ブザンの表現法

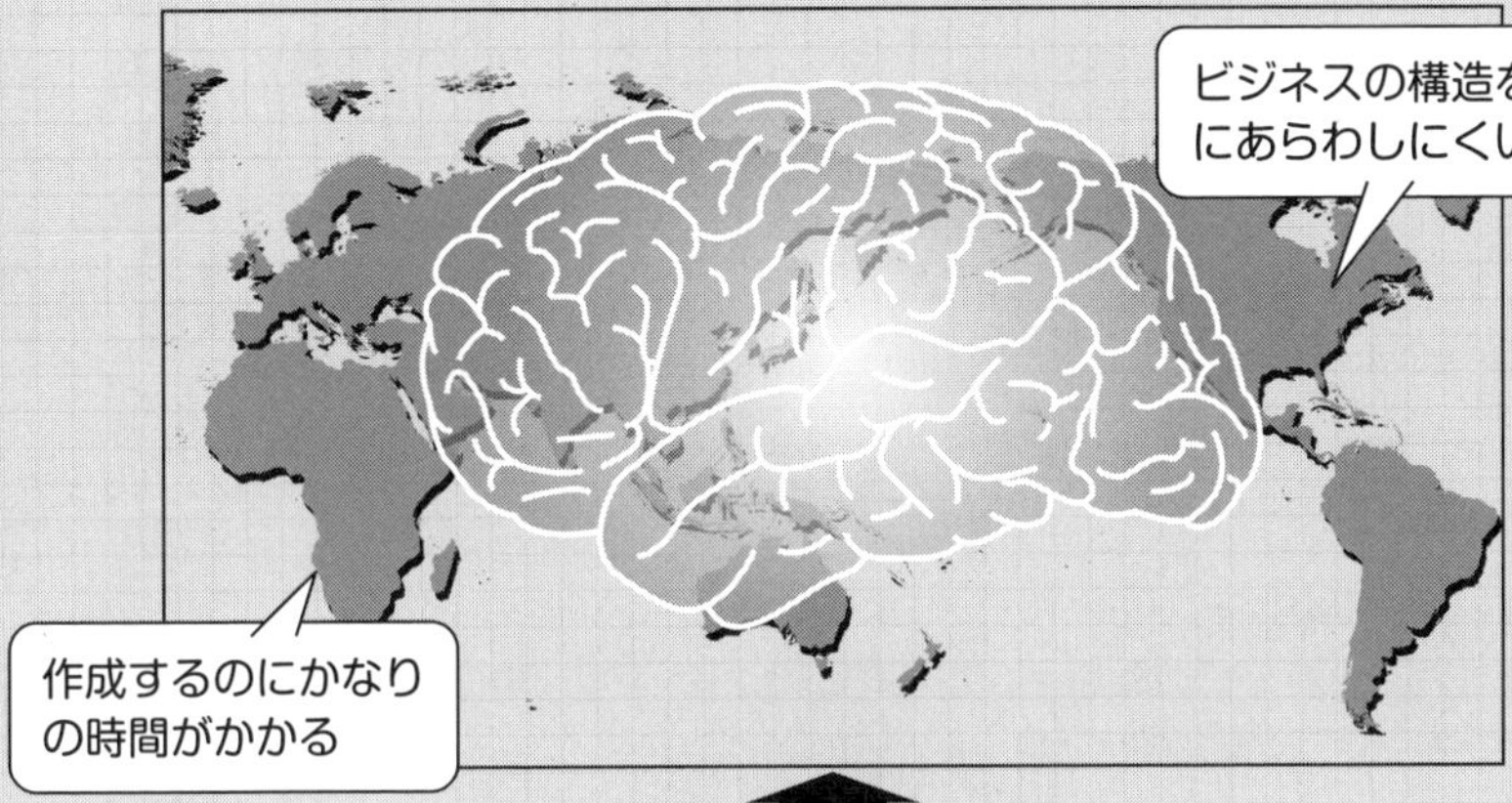
ビジネスの構造を端的にあらわしにくい
作成するのにかなりの時間がかかる

自己流図解メモ

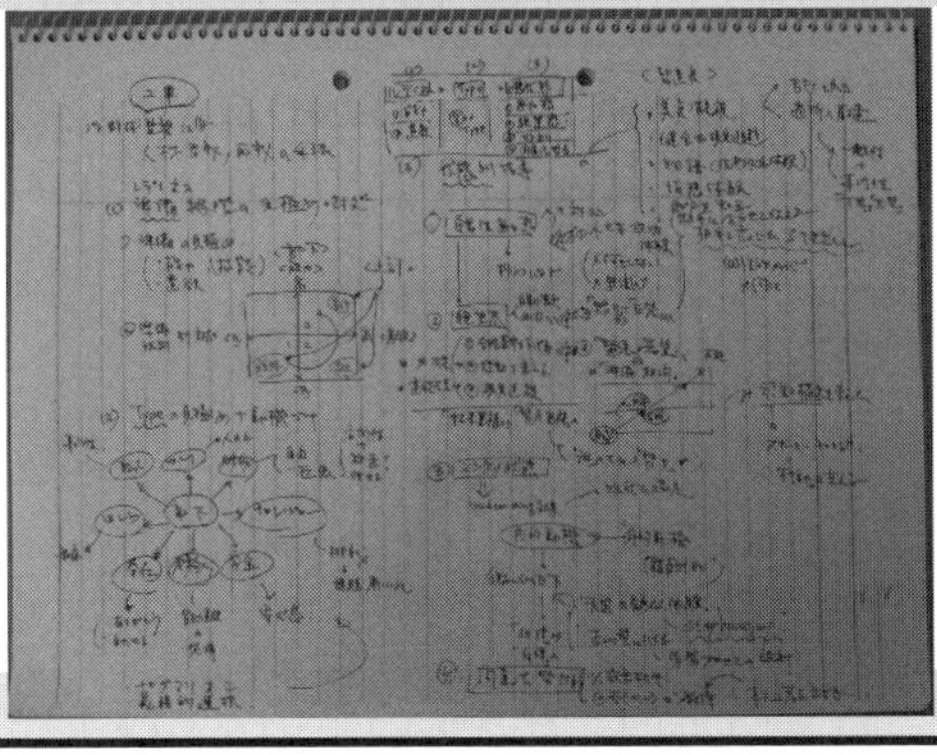

Point

- 図解枠を描き、キーワードを線で結んでいく
- 丁寧に書こうと意識せず、自分の頭のなかを再現するつもりで
- 本の余白ページに直接書き込んでしまう

自分で図を起こせば作業の過程で理解が深まり、長く記憶に残る

Essence

06

共感ばかりの読書はNG

本は批判精神をもって読むべし

受動的な読書でなく能動的な読書を！

本は受動的でなく、能動的に読まなければならない。読書後、「著者のいっていることはまさしく正論だ。さっそく明日から実践してみよう」などと感化されることがあったとしても、「ふーん……」で終わってしまっては有意義な読書にはならないのである。

能動的な読書とはどのようなものかというと、著者の意見や考え方を鵜呑みにせず、著者と対話するつもりで臨む読み方である。

あたかも目の前に著者がいるかのように、「これ、間違っていないか」「こんなこと不可能ではないか」といった具合に、書いてある内容に疑問を呈したり、反論したりしながら読み進めていく。

せっかく知識を得るために買った本なのに疑ったら意味がないと考える人もいるかもしれないが、受け身で読んでいると誤った認識をすることがあるし、知識を定着させにくくなる。その意味でも、能動的な読書が大切なのである。

本の内容には著者のフィルターがかかっている

そもそも本に書かれていることは、著者の頭というフィルターを通したひとつの考えにすぎない。特にビジネス書に関しては、著者が個人的な体験のなかから学んだことをまとめたものがほとんどである。

また、著者がどんなに有名でも、その言説に綻びがないとはいい切れない。極論や勘違いによる明らかな誤りもあるだろう。

そうした著者の主張に振り回されないためにも、共感してばかりの読書は控えたい。

斜に構えるくらいの心づもりで読書に取り組むほうがよい読書になるのだ。

本は能動的に読む

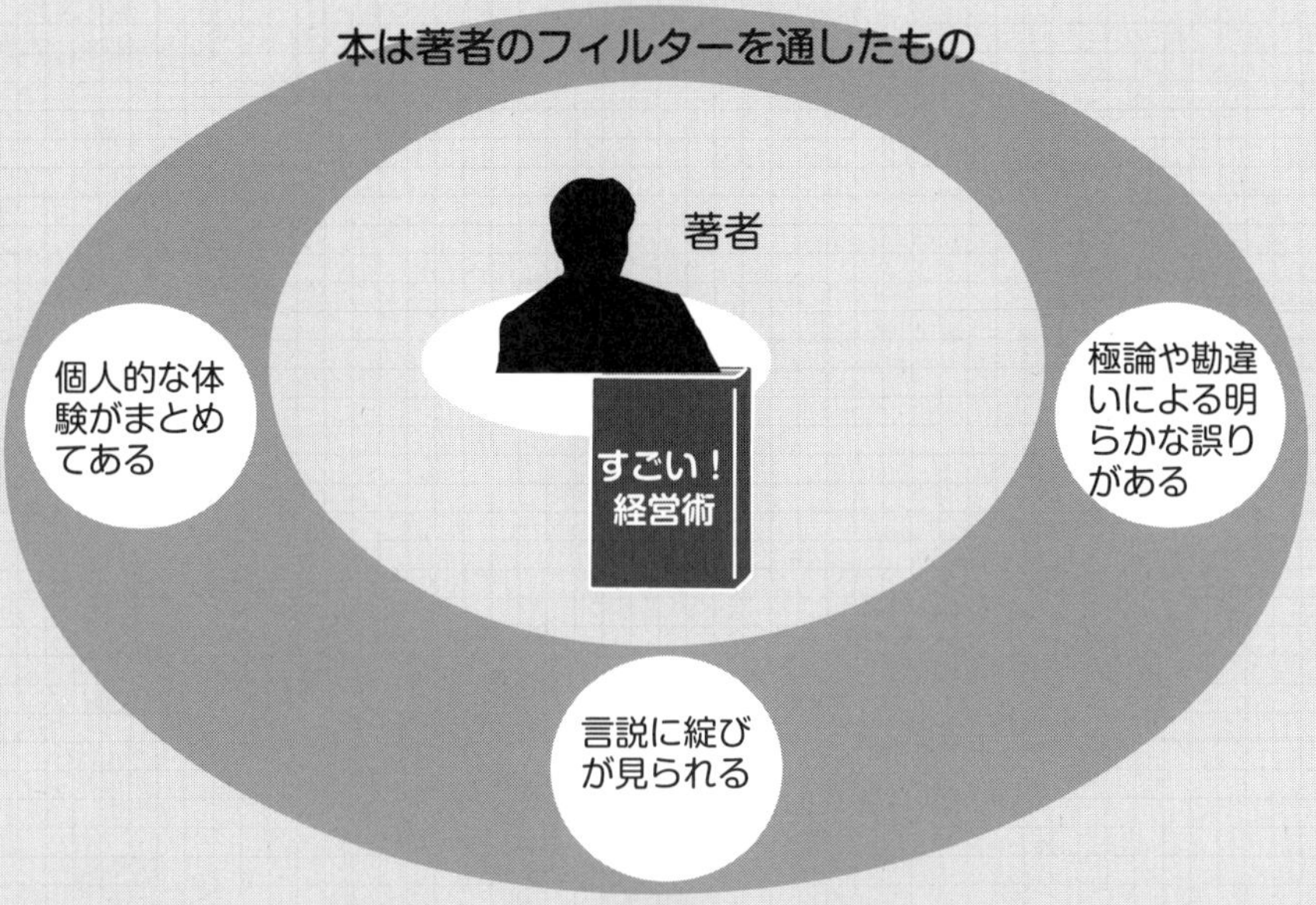
本は著者のフィルターを通したもの
著者
すごい！
経営術
個人的な体験がまとめてある
極論や勘違いによる明らかな誤りがある
言説に綻びが見られる

受け身の姿勢で読むと、誤った認識をしたり、知識を定着させにくくなるなどのマイナスの要因が生じる

だから

能動的な読書＝批判精神をもって読むことが大切になる

これ、間違っていないか？
こんなことできないのでは？
書いてある内容に疑問を呈したり反論しながら読むと、読書が有意義なものになる

Essence 07

最適な読書空間はどこか？①

通勤電車のなかが快適な読書空間になる

毎日片道30分電車に乗ると1年間で丸12日に！

読書を効率的で質の高いものにするには、読書する時間と場所を工夫する必要がある。

そもそもビジネス書のような仕事に役立てようとする本は、常に忙しい人が時間のあいまを縫ってするものだ。余程有能なビジネスパーソンでなければ、読書専用の時間を毎日2時間とか3時間とるのは難しい。仕事に追われるなかで、上手く時間をやりくりしながらやるのが、「ビジネスパーソンの読書といえる。

具体的にいえば、通勤電車、昼休み、外出中の空き時間、入浴中、眠る前のベッドのなかなど、いわゆる「スキマ時間」を読書にあてる。これについては1章でも詳述しているので併せて読んでほしい。

スキマ時間のなかで、特に推奨したいのが通勤時間だ。通勤電車内は使いようによっては最高の読書空間になる。

通勤電車に乗っている間は、ほかにすることがないので十分に集中できる。メールやツイッターをするのもいいが、ここは読書時間と割り切ろう。

通勤電車に片道30分乗る人が月に24日出社すると仮定した場合、月に24時間、年に288時間、つまり丸12日間も通勤にあてていることになる。

この時間をメールやツイッターに費やすか、読書に使うかの差はあまりにも大きい。

座席には座らず、立ったままで本を読む

通勤電車での読書の際に気をつけたいのは、座席に座らないようにすること。座ってしまうと、本を取り出しても、ついウトウトしてしまうからだ。ましてや難解な

通勤電車のお薦め読書スポット

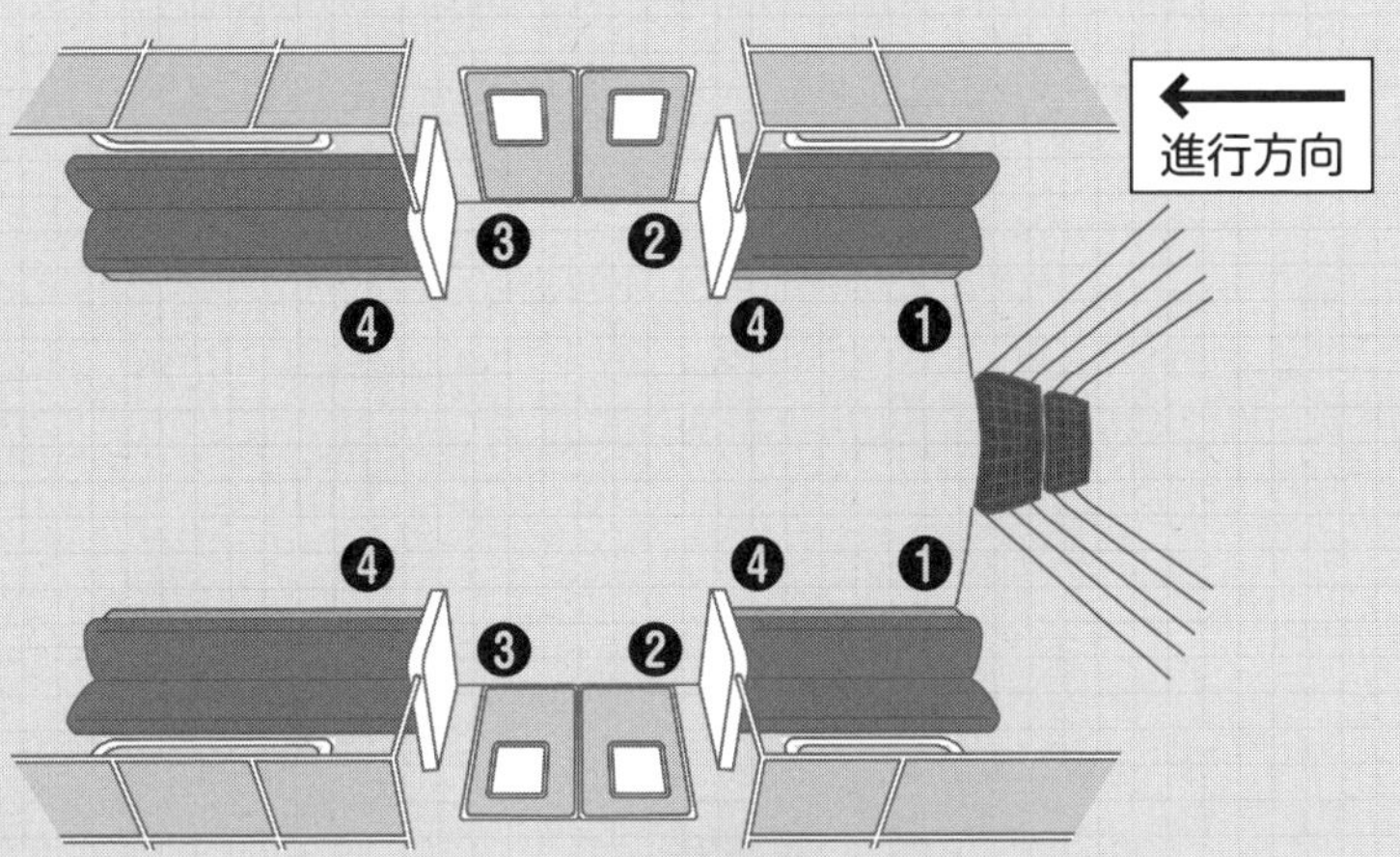

STEP UP 往復1冊をノルマに

行きに半分、帰りに半分、往復で1冊読み切るくらいの勢いで読書できれば理想的だ。乗車時間が10分とか15分しかないという人は、項目が細かく分かれた本を読むといい。1項目2ページくらいで完結するビジネス書なら、どんな短時間でも流れの分断を気にせずに読むことができる。

端の壁に寄りかかりながら読書できる❶がベスト。❷❸もいいが、ラッシュ時に乗降客の波に巻き込まれる。座席に着くと眠くなるので、立ったまま読む

ビジネス書などを開くと、かなりの確率で睡魔に襲われる。

一方、立ったままなら眠くなることはないし、集中力も高まるので、本の内容が頭に入ってきやすくなる。

吊革《つりかわ》につかまったり壁に寄りかかった状態で、線を引き、メモをとりつつ本を読む。ビジネス書を読む環境としては、これがベストに近いのではないだろうか。たとえガラガラの電車に乗ったとしても、あえて座らずに読書に励むのがいい。

さらに、立って本を読むことに慣れれば、待ち合わせの場所に早くついてしまったときや、電車の待ち時間なども読書にあてられるので、読書時間はどんどん増えていく。

Essence 08

最適な読書空間はどこか?②

自分好みの読書の〝特等席〟を見つけよう

自分の感覚を最優先に

通勤電車が最高の読書空間になると前項で述べたが、読書に適した環境は人それぞれであり、その人の好みによって変わってくる。

難解な本を読む場合は、集中力を高める必要があるということで、物音ひとつしない静かな空間を求める人もいるだろう。実際、家のデスクに向かって椅子にきちんと腰掛けた状態でなければ、難しい本は読めないという人は多い。

一方で、周囲に適度な雑音があったほうが落ち着いて本を読むことができるという人もいる。毎日使っている電車のなか、お気に入りのカフェやファミリーレストラン、近所にある図書館、公園のベンチなど、ある程度人目のあるところのほうが緊張感を持続でき、読書が捗るというのだ。

これはもう、個人の好みによりけりなので、自分の感覚を優先していい。試行錯誤しながら、自分が最も効率的に読書できる空間を探していくのが一番である。

リラクゼーションの場で堅い本はやめておく

ただ、仕事に関係する難解な本を読む場合、入浴中、食事中、就寝前のベッドのなかは避けたほうがいい。こうした空間は本来、リラクゼーションの場であって、仕事で疲れた頭をリフレッシュさせるべき場だと考えるからだ。

お風呂やベッドでは、仕事関連の本から離れた小説やエッセイ、趣味の本など、自分の楽しみのために読む本を選ぶ。

どうしてもビジネス書を読みたいのであれば、小説形式のものを読むとか、ビジネス雑誌を眺める程度にしておく。人には、リラックス・リフレッシュする時間も必要である。

どこで読書をするか

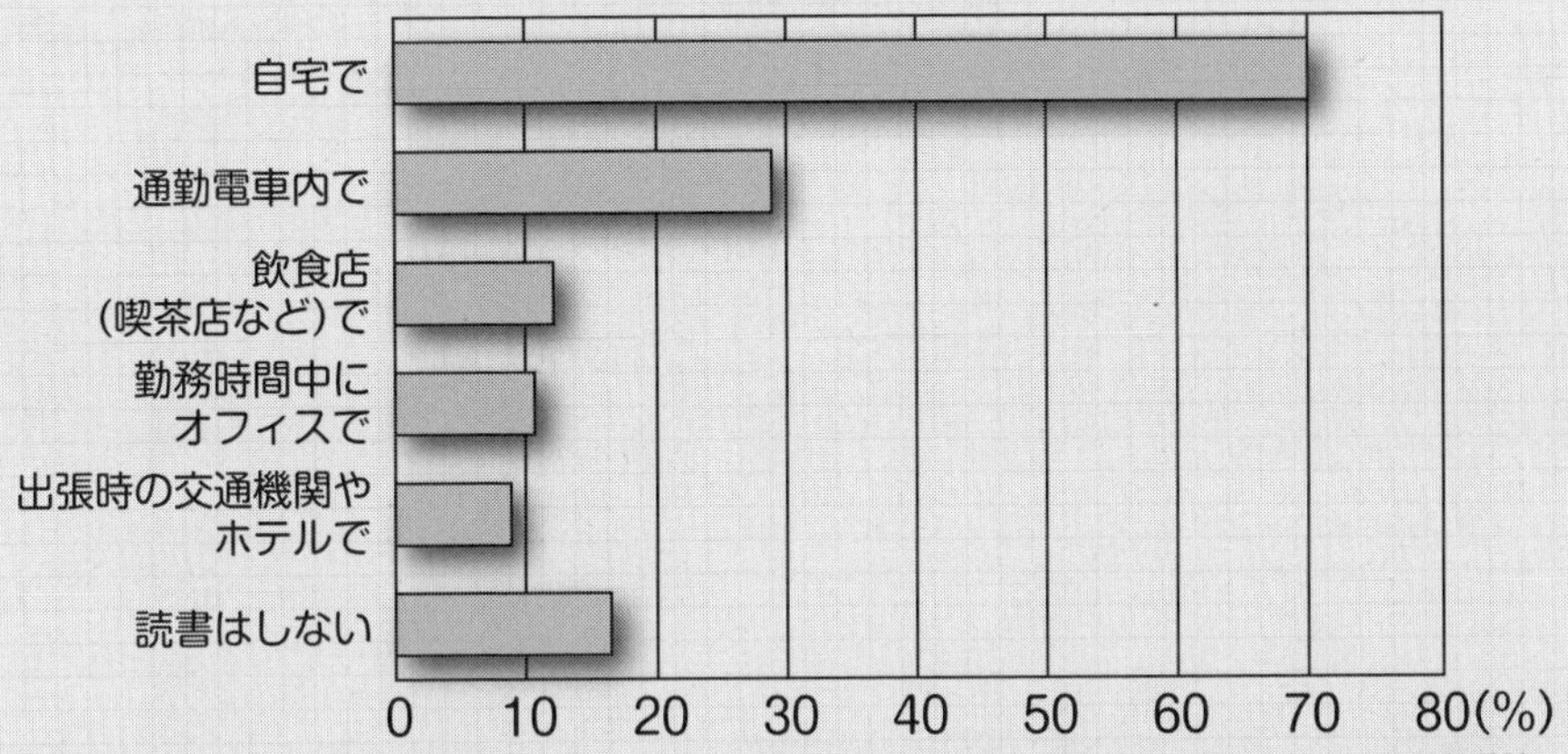

自宅で
通勤電車内で
飲食店
（喫茶店など）で
勤務時間中に
オフィスで
出張時の交通機関や
ホテルで
読書はしない
0
10
20
30
40
50
60
70
80(%)

（最大3つまでを回答、上位6位までを掲載）
出所：「週刊東洋経済」

自宅や通勤電車内で本を読む人が多い

静かな空間が好き

自宅の書斎で読書

集中して読書するには物音ひとつしない静かな空間が確保されていないと厳しい

適度な雑音がほしい

カフェで読書

電車のなか、カフェ、レストラン、図書館など、多少ざわついた空間のほうが落ち着いて読書できる

自分の好みに応じて、最も適していると思える空間を選ぶようにする

Essence 09

本の内容を長く記憶に残すには？

読了後、読書記録をつける習慣をつくる

忘れないように記録として残す

読書の準備をし、実際に本を読んだら、今度はインプットの最終段階である「活かすための準備」という新たなステージに入る。

熱心に本を読んで、仕事に役立つさまざまなノウハウを学んだとしても、そのまま放置していつの間にか忘れてしまったのでは意味がない。そこで読み終えたあとに読書記録をつけておくのだ。

読書記録とは読んだ本の「概要」と「読後コメント」を記録したもので、誰でも簡単につくれる。

まず「概要」の部分だが、本のタイトル、著者、出版社、発売日、ジャンルなどの基本情報、つまりスペックを記す。

次にどんな本だったか、気づいたこと、学んだこと、宣言などを盛り込んだ「読後コメント」を数百字以内で書く。小学校時代の読書感想文とは異なり、あくまで記録だから、長々とした感想を書く必要はない。

読書記録をつけるタイミングは、読了後すぐが望ましい。あとで書こうとすると、なんとなく面倒に感じてやめてしまうケースが多いので、なるべく早く書くことをお勧めする。

読書記録をつけることのさまざまなメリット

こうして読書記録をつければ、多くのメリットが得られる。メリットとして第一に挙げられるのは、長く記憶に残せることだ。書けば何もしないよりずっと長く記憶に残るから、記憶した内容をアウトプットの際に活用しやすくなる。

また過去の読書記録を読み返すと、本を読んだ当時の自分の考えと現在の自分の考えの違いに気づいたり、その間に自分がどれだけ成長したかを知ることができる。

読書記録のつけ方

タイトル：	やりきる技術
著者：	小倉広
出版社：	日本経済新聞出版社
ISBN番号：	4532317916
発売日：	2012/5/16
ジャンル：	ビジネス書

コメント

やりきるために必要なのは、「はじめる」「続ける」「やり直す」というプロセスであることを解説している。「悩める30代のメンター」として 広く知られる経営コンサルタントの著者が、最高の結果を生み出す秘密を説き明かす。フォーマットも充実しているので、即自分のツールにできる。

[概要]

これら6つの項目は統一しておくと、データベースにするときに便利。それぞれの情報はネット書店の「商品情報」などを参照するとよい

[読後感]

「気づいたこと」「学んだこと」「宣言」など決まった項目を盛り込んで数百字でまとめる

読書記録をつけることで長く記憶にとどめることができる

STEP UP 読書記録の保存方法

読書記録はノートにつけていくだけでもいいが、パソコンやタブレット、スマートフォンなどに自分なりのフォーマットをつくって、デジタルデータとして保存しておくと、あとで読み返しやすい。

ブログやSNSを活用する方法もある。ブログを利用すれば、時系列に並べ替えてくれるし、検索も簡単。SNSにもブックレビュー機能がついているものがあるので使ってみるといい。

成長を自覚することは、読書を続けるうえでのモチベーションにもつながるだろう。

さらに過去のデータを比較することにより、客観的な評価が下せるようになる。データの蓄積が増えていけば、客観的な視点から他人とは違った考えができるようになるのである。

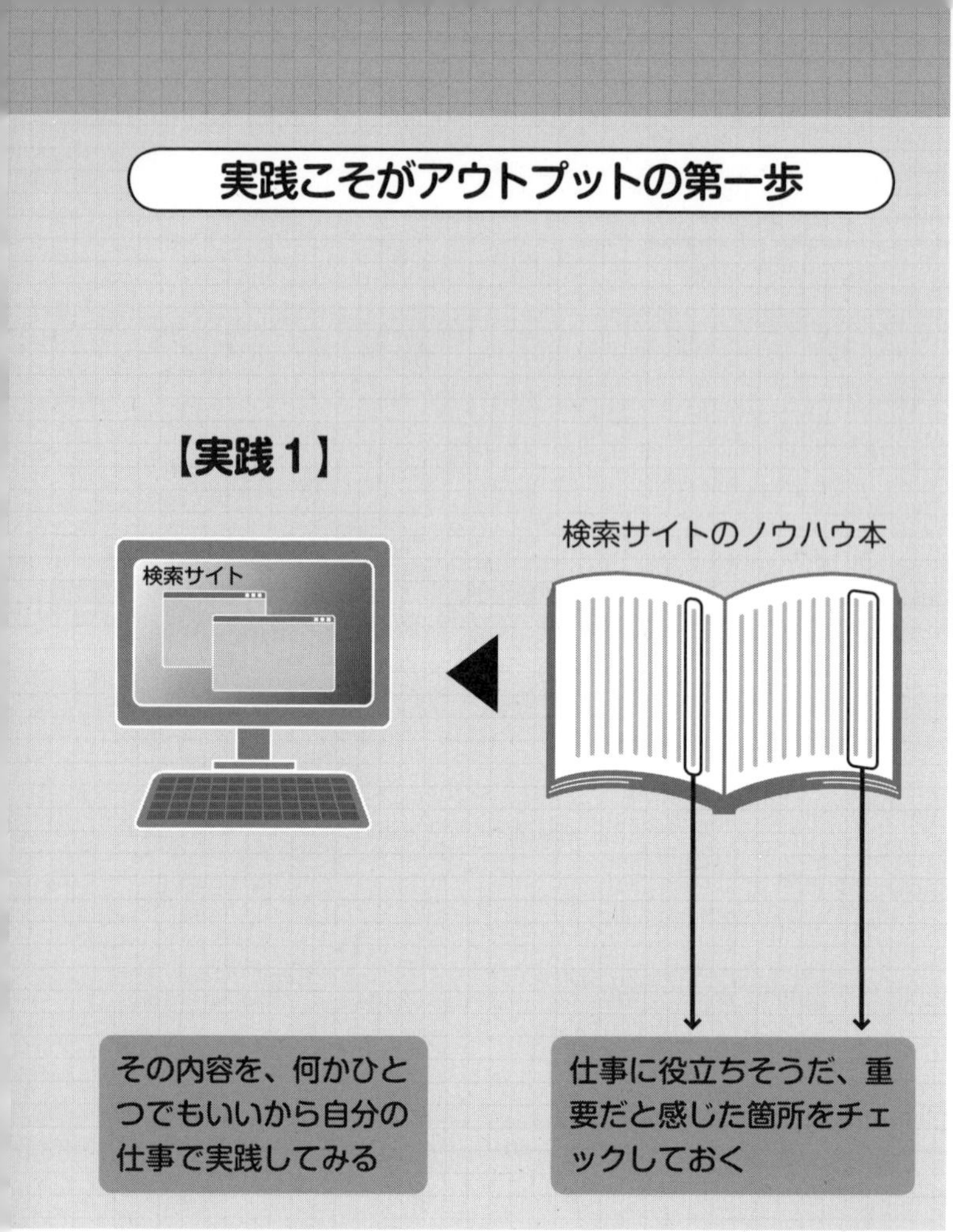
実践こそがアウトプットの第一歩
【実践１】
検索サイト
検索サイトのノウハウ本
その内容を、何かひとつでもいいから自分の仕事で実践してみる
仕事に役立ちそうだ、重要だと感じた箇所をチェックしておく

Essence 10

本の内容をいかに使える知識にするか？

本から得た知識は仕事や生活で活用せよ

本に書いてあるアイデアを実際に使ってみる

時間をかけてインプット（入力）した本の中身は、アウトプット（出力）してはじめて意味をなす。つまり、せっかく本を読んでも、仕事や生活に活用しなければ何にもならないのだ。

では、本を有効活用するにはどうしたらいいのか。

最も簡単な方法は、本に書いてあったことのうち、ひとつでもいいから実際にやってみることだ。

ビジネス本のような実用書には、何かしら実践できることが書

本の内容と縁遠いときは？

➡ほかの事例と関連づけて読む

僕ならどんな戦略をとるだろうか？
うちの会社だとどうなるだろう？

本に書かれている内容と今の自分の状況があまりにかけ離れているとしても、想像力をはたらかせることで応用力がつく

【実践2】

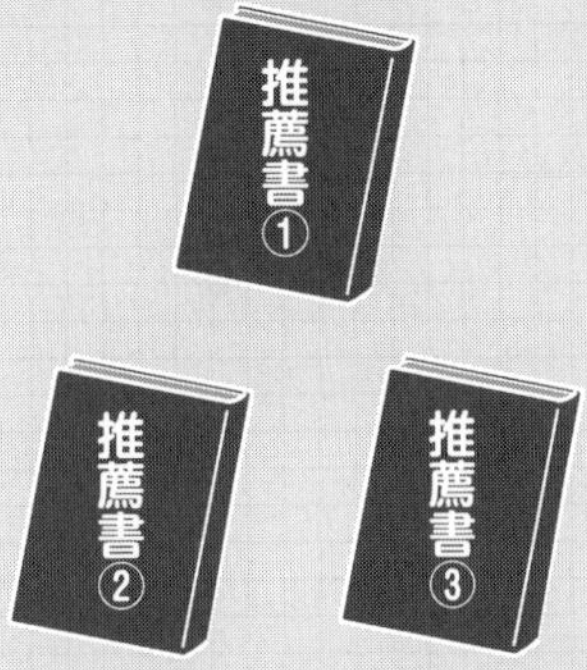

推薦書①
推薦書②
推薦書③

本のなかで推薦図書が紹介されていたら、1冊は買って読んでみる

いてある。それを仕事に役立ててみるのである。

たとえば『誰も知らないGoogle活用術』とか『iPhoneで仕事が20倍はかどる！』といった本を読んだとすれば、自分の仕事のなかで使えそうなアイデアを選んで実際に使ってみる。

本を読むことよりも読んだあとのほうが重要

そもそも読書は、次の行動を起こすためのきっかけであり、読んだあとにどのような行動を起こすかが、読書そのものよりも重要になってくる。

読んで、思考をめぐらし、行動する。そのスキームの第一歩として「読んだら実践」を習慣づけてほしい。

Essence 11

語れる＝理解している証拠

他人に話すことも効果的なアウトプット法

周囲の人に話して自分の理解度を確かめる

アウトプットの方法としては、読んだ本について人に話すことも有効だ。読んだ内容の感想や概要を周囲の人たちに話してみるという単純な方法だが、これによって得られるメリットは意外と多い。

まず、人に話すことでその本に対する自分の理解度をチェックできる。本の内容を友人や家族に伝えようとしたところ、うまく説明できなかったという経験をもつ人は多いだろう。また、話した相手に「結局、その本は何をいおうとしているの？」などと返されて、しどろもどろになってしまったという人もいるかもしれない。

実は、これは理解が十分でない証拠である。本当に理解していれば相手にわかりやすく説明できる。できないということは、理解が足りていないのだ。理解できていない箇所は、改めて読み直してみるといいだろう。

知識が深まり記憶も長持ちする

また、人に話せば理解をより深めることができる。頭のなかで考えていることは、人に話すという行為によって明確化されるからだ。先述のとおり読書で得た情報は使える知識にしてはじめて意味をなすので、この効果は大きい。

さらに長く記憶にとどめられるというメリットもある。本は目を使って読むものだが、人に話すことで自分の口から伝え、その内容を耳で聞くことになる。つまり、ほかの器官を使うことになるから、印象がより強く残るのである。

会社の同僚、上司、部下、家族など身近な人に、読んだ本についてどんどん話してみてほしい。そうすることが効果的なアウトプットにつながるのである。

読書内容を他人に話すメリット

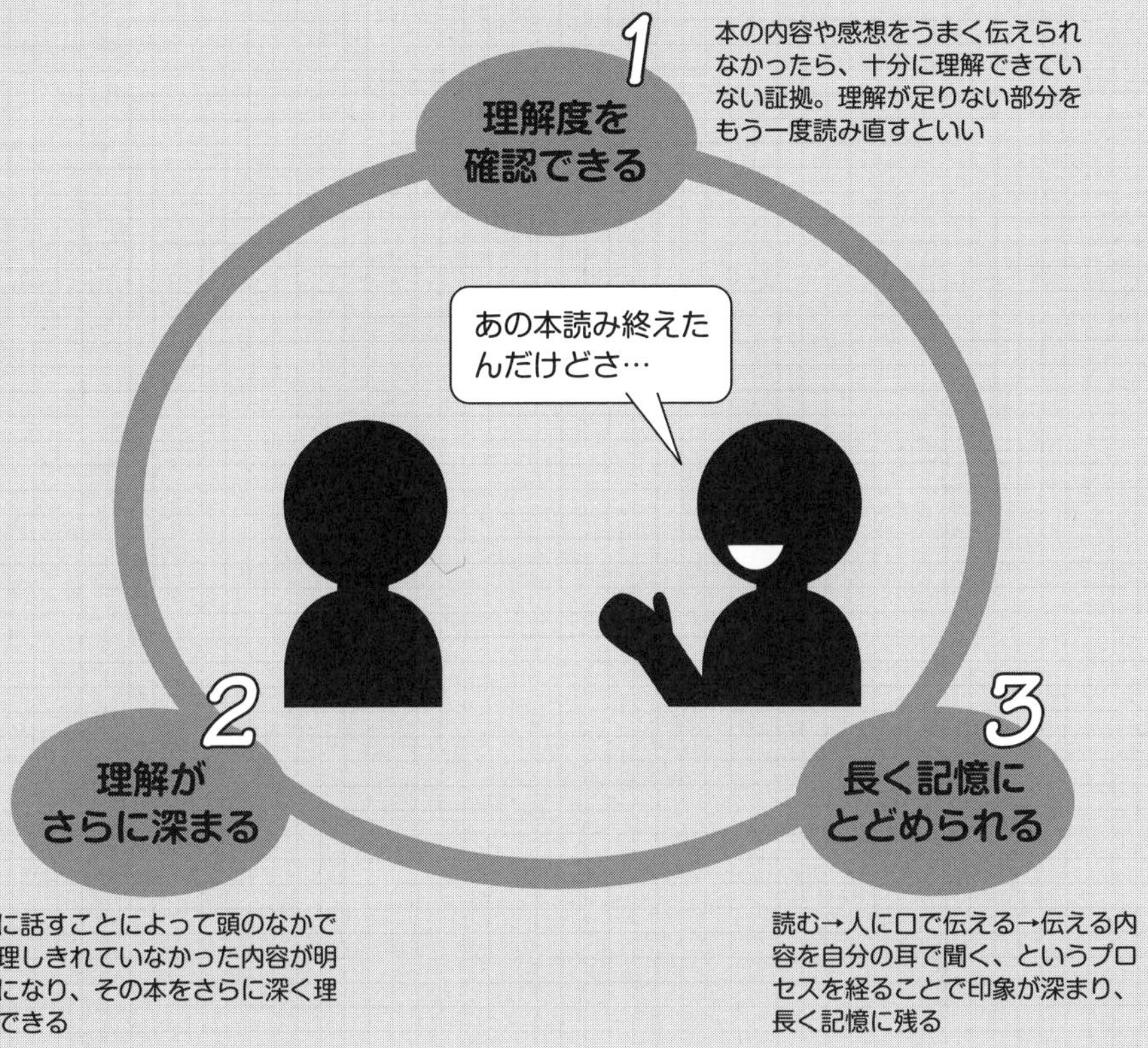
1
理解度を確認できる
本の内容や感想をうまく伝えられなかったら、十分に理解できていない証拠。理解が足りない部分をもう一度読み直すといい
あの本読み終えたんだけどさ…
2
理解がさらに深まる
人に話すことによって頭のなかで整理しきれていなかった内容が明確になり、その本をさらに深く理解できる
3
長く記憶にとどめられる
読む→人に口で伝える→伝える内容を自分の耳で聞く、というプロセスを経ることで印象が深まり、長く記憶に残る

STEP UP 話した相手にもメリットをもたらす

読んだら話すという方法は、自分だけでなく話した相手にもメリットをもたらす。

本の内容をうまく伝えることができれば、相手は本を読まずして知識が得られることになる。また、その相手がふだんあまり本を読まない人なら、あなたの話に触発され、「自分も読んでみよう」という気になるかもしれない。

そうして相手からも良書を推薦されるようになれば、お互いに本に関する情報を交換できるようになり、切磋琢磨《せっさたくま》しながら読書にいそしむことができる。

よい本を読んで誰にも教えないというのは、それ以上のプラス効果を生まない。自分が知識を増やすだけでなく、どんどん周囲にも知識を提供し、読書によって得られるメリットを大勢の人々と共有していこう。読書の内容を周囲の人とシェアすることは小さな社会貢献になるのである。

Essence

12

語り合いたい相手に本を贈ってみよう

本のシェアは読書仲間を増やす

本を贈った相手が語し相手になる

読書で得た知識や情報を話す相手がほしい場合、本を誰かにプレゼントするといい。

その本が相手の要望や問題解決にピッタリくる内容であれば相手に喜んでもらえるだろうし、本と一緒に「あなたのことをいつも気にかけていますよ」というメッセージを伝えることができる。

そして何より、贈った相手が本についての良き語り相手となる。内容をどのように解釈したか、どこが使えそうかなどを語り合って仕事や生活に役立てるといい。

プレゼントではなく、お薦め本として推薦してもいいが、それだと相手はわざわざ買って読まなくてはならず、億劫《おっくう》に感じることもあるだろう。

貸してあげようと思っても、自分が読んだ本にボールペンであれこれ書き込みがしてあると、貸すのが恥ずかしくなってしまう。

そこで同じ本をもう1冊買ってプレゼントするというわけである。

ふだん本を読む習慣がない人でも、プレゼントされた本なら一生懸命読んでくれるに違いない。１冊千数百円と、負担に感じるほどの金額でもないので、気楽な気持ちでプレゼントすることができる。

贈る相手は慎重に選ぶ

ただし、贈る相手は慎重に考える必要がある。

たとえば、自分の部下に対して勉強術の本を贈ったとしよう。その本がどれほどすばらしい内容であったとしても、部下は「勉強不足と思われているのではないか……」などと考え込んでしまうはずだ。適切な相手を選んでプレゼントするようにしたい。

本を語り合う相手がほしいときには

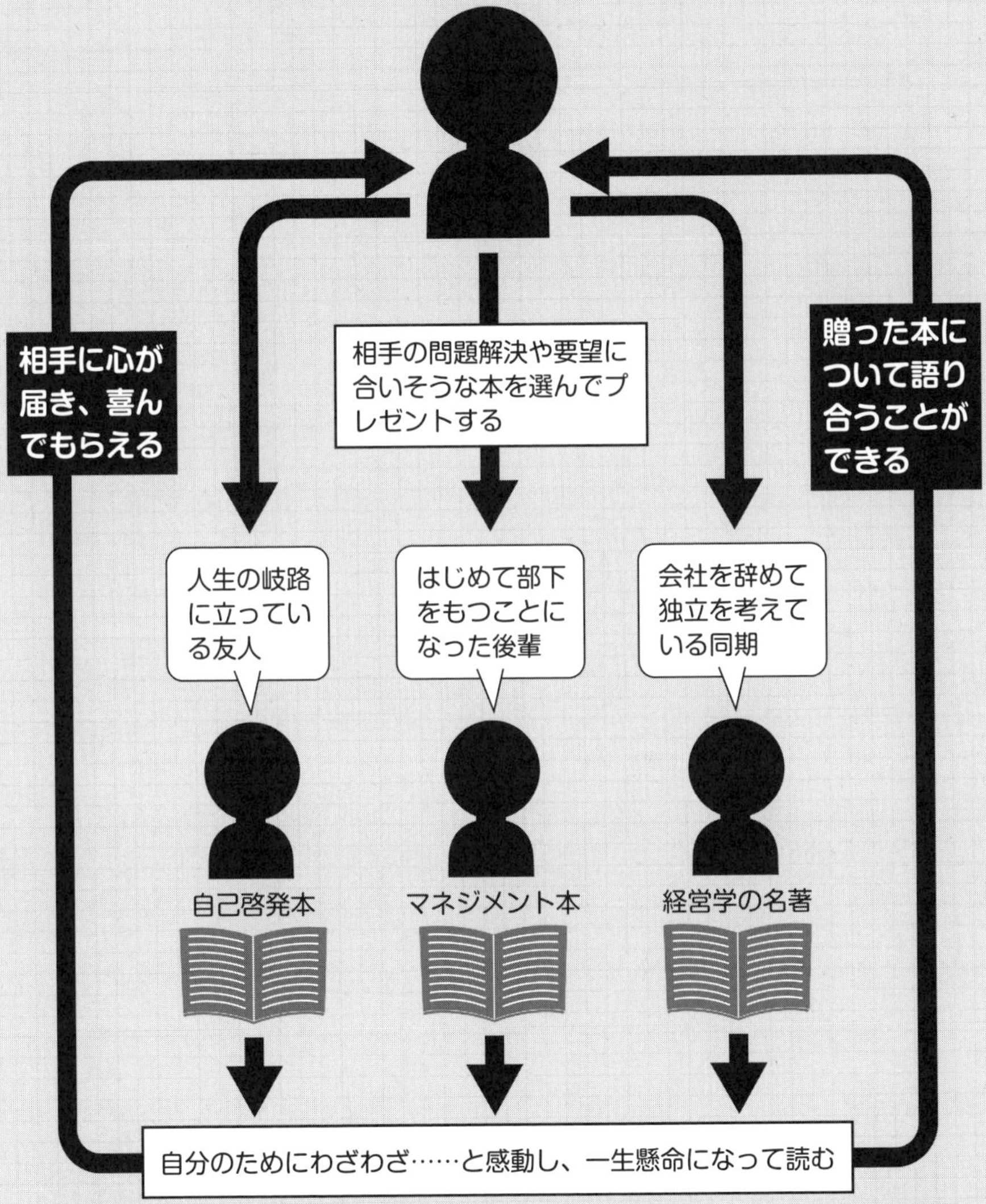
相手の問題解決や要望に合いそうな本を選んでプレゼントする
相手に心が届き、喜んでもらえる
贈った本について語り合うことができる
人生の岐路に立っている友人
はじめて部下をもつことになった後輩
会社を辞めて独立を考えている同期
自己啓発本
マネジメント本
経営学の名著
自分のためにわざわざ……と感動し、一生懸命になって読む

プレゼントされたことにより、相手が心理的な負担を感じることもある。贈る相手は考えて選びたい

Essence 13

これがアウトプットの支えになる

自分だけの読書レポートのつくり方

スペック、要約、書評をひとつにまとめる

読書をアウトプットへとつなげるのに、最も役に立つのが「読書レポート」だ。これは、読んだ本のエッセンスや内容に対する自分の感想をレポート用紙数枚にまとめたもの。84ページで述べた「読書記録」を詳細にしたものと考えればいいだろう。

具体的には「スペック」「要約」「書評」の3つをひとつにまとめるのである。

まずスペックは、読書記録で紹介したのと同じような形式で書けばいい。

次に要約は、本のエッセンスを1500～2000文字程度の文章でまとめる。最初は何をどう書いていいのかとまどうかもしれないが、簡潔さを心掛けることがコツになる。枝葉の情報、事例、回りくどい言い回しなどはできるだけ削り、著者の本当にいいたいことだけを、キーワードを盛り込みながら簡潔に記すのだ。

何がいいたいのか、つまり要点さえわかれば拙い文章であっても構わないが、「この文章を誰が読むのか」ということを明確にして書き進めると、それがそのままプレゼンテーションなどのツールになることもある。

アウトプットのツールとして利用する

続いて書評では、本の感想や本を仕事や生活にどう活かすかなど決意表明を書く。注意すべきは、自分の考えと行動を必ず書くようにすることだ。これらが書かれていないと独自性が失われてしまう。

こうして出来上がった読書レポートは、アウトプットへの貴重なツールになる。ビジネスの場で積極的に利用し、読書を成果に結びつけたい。

読書レポートの記入例

21世紀の落語入門／小谷野敦／幻冬舎／ 978-4344982635 ／ 2012.5.30 ／古典芸能

スペック
著者名、出版社名など本の基本情報を記す。詳しくは84ページ参照

これから落語を…○○○○○○○○○○○○○○○
○○○○○○○○○○○○○○○○○○○○○○○
○○○○○○○○○○○○○○○○○○○○○○○

要 約
本のエッセンスを1500～2000字程度にまとめる。キーワード、著者のいいたいこと、参考になりそうな部分、役立ちそうな部分を抜き出してまとめる

本のタイトルどおり落語入門者向け…○○○○○○
○○○○○○○○○○○○○○○○○○○○○○○
○○○○○○○○○○○○○○○○○○○○○○○

書 評
テンプレートの内容を中心にまとめる。その際、本の感想、書かれていたことを仕事や生活にどう活かすのかを必ず書くようにする

書評を書くときのテンプレート

- 本の概要
- 本の主張
- 本が書かれた背景と意義
- 本の特徴
- 読後感
- 薦めたい人
- 本のテーマに関する自分の考え
- 本をどのように活用するか etc.

STEP UP ネットの書評を利用して要約力を高める

自分の要約力を高めるには、アマゾンなどネット書店のレビュー欄を利用するのがいい。

レビューはガイドラインに沿ったものであれば基本的に全部一般公開され、読んだ人からの投票でランキングが決まるので、順位が上がったときなどは嬉しいものだ。また、誰も読み手がいないより誰かが読むという前提があるほうが真剣に書くし、モチベーションも高まるだろう。

そして書評を書き続けて腕前が上がれば、雑誌社に売り込むこともできるかもしれない。大手出版社は難しいとしても、発行部数の少ない業界紙や専門誌、企業が発行している会報誌などであればチャンスはある。

もともと書評欄はあまり書き手がいないので、実力さえあれば掲載される可能性は高いはずだ。

推薦本

藤井孝一がお薦めする名著・良書

ビジネス力アップに役立つ本

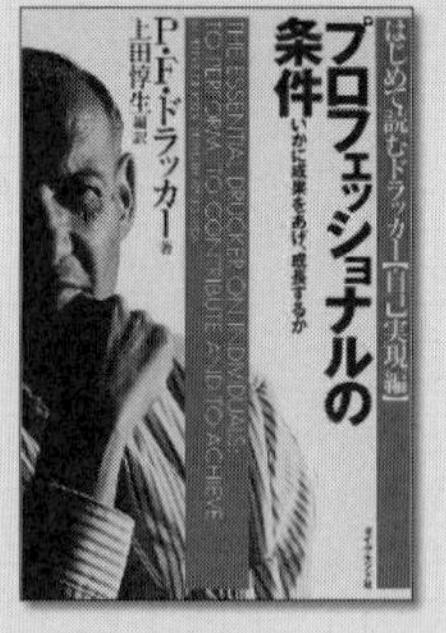

『プロフェッショナルの条件』

P・F・ドラッカー／ダイヤモンド社

ご存じドラッカー。経営書やマネジメントの本が多いが、この本は珍しく自己啓発書である。20年前、私は本書の「あなたは何で覚えられたいか」という質問を見て、会社を辞める決意をした。

『ビジネススキル・イノベーション』

横田尚哉／プレジデント社

これからの時代に求められる「時間」「思考」「感性」「直感」に関するスキルを67紹介してくれる。それらは仕事の場から生まれ、実践を経て磨かれたものばかり。机に置いておきたい仕事のバイブルである。

『企業参謀』

大前研一／講談社

戦略思考やロジカルシンキングなどについて、現在売られているさまざまなビジネス書の原点といえる本。私を含めて、この本がきっかけでコンサルタントになったという人は多いはず。本書を読まずに、知的生産はあり得ない。

壁にぶつかったときに読む本

『道は開ける』

D・カーネギー／創元社

悩みを解決する方法を教えてくれる古典的名著。人間の弱さを認めながら、心のもち方、人生への姿勢を語り、自己変革への勇気を与えてくれる。『人を動かす』とセットで読むといい。

『ホワンの物語――成功するための50の秘密』

ロバート・J・ペトロ／飛鳥新社

アメリカンドリームを実現した起業家が、成功哲学を物語にしたもの。主人公が旅のなかで「本当の富とは」「自分にとっての成功とは」という問いに対する答えを見つけていく。積極的に生きるヒントになる。

『夢をかなえるゾウ2　ガネーシャと貧乏神』

水野敬也／飛鳥新社

大ベストセラーの続編。笑って泣ける自己改革エンターテインメント小説。やりたいことはあるけれど踏み出せずにいる人や、夢が見つからず行き詰まっている人に。前作と一緒に読むことを勧める。

“気づき”を与えてくれる本

『ハイコンセプト』

ダニエル・ピンク／三笠書房

２１世紀を生き抜くために、ビジネスパーソンは何をしなければならないか……この難しい問いに真っ向から挑む。自分なりの答えを見つけるヒントが得られるはずだ。

『アイデアのちから』

チップ・ハース、ダン・ハース／日経BP社

人を動かし、歴史を動かすほどのすごいアイデアの仕組みを６つの法則として教えてくれる。ソニーのウォークマンなど、具体例を盛り込みながら、成功するアイデア創造のヒントを教える。

『夢を実現する発想法』

山中伸弥、川口淳一郎／致知出版社

iPS細胞研究でノーベル賞を受賞した山中伸弥氏と、小惑星サンプルリターンを世界初実現した川口淳一郎氏の対談。夢を実現したい私たちへのヒントも見つかる。

Chapter 4

デキる仕事人になるための「読書習慣術」

中島孝志

仕事で活用でき、結果を出し、成果を生む。そのためには、それなりの読書をする必要がある。読めば読むほど仕事力が上がり、たくさんのお金を生み出すことのできる読書術を提案する。

Takashi Nakajima

1957年東京都生まれ。早稲田大学政治経済学部卒業、南カリフォルニア大学大学院修了後、PHP研究所、東洋経済新報社を経て独立。現在、経済評論家、経営コンサルタント、作家、出版プロデューサーとして活躍。毎日更新の音声書評サイト「聴く！通勤快読」が好評を博している。

Essence 01

知的生産型の読書で成功を手にする

「面白かった」だけではNG！

読書には ふたつのタイプがある

　読書を大別すると、「知的消費型の読書」と「知的生産型の読書」のふたつに分かれる。

　知的消費型の読書とは、わくわく心を躍らせたり、物語の世界に遊んだりすることを目的とする読書のこと。自分の好きな本や興味のある本の内容そのものを純粋に楽しむ読み方だ。

　一方、知的生産型の読書とは、仕事に役立てようとして行なう読書のこと。「このアイデアは仕事に使えるぞ」とか「俄然《がぜん》、やる気

知的消費型の読書と知的生産型の読書

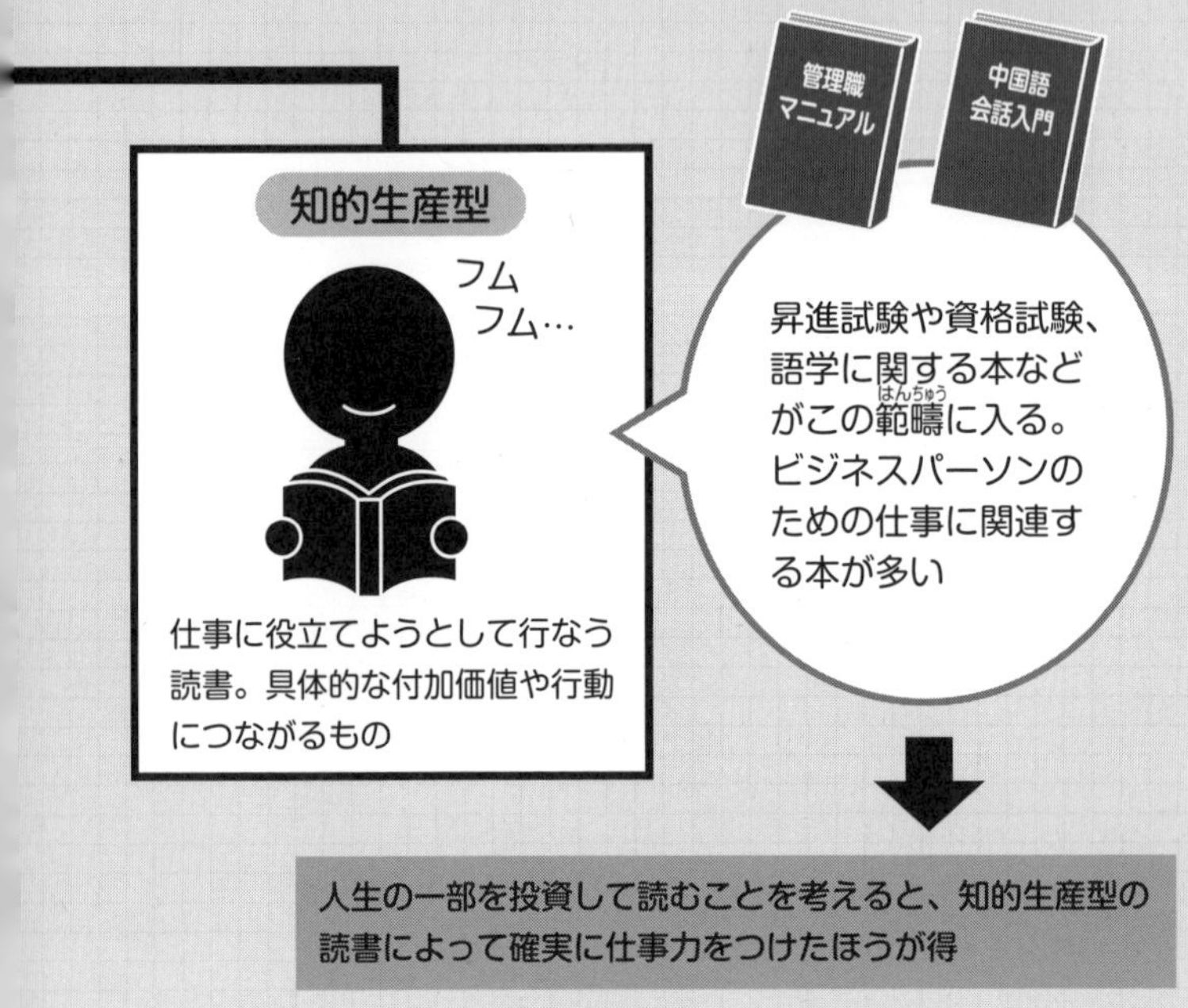
管理職マニュアル
中国語会話入門
知的生産型
フム
フム…
昇進試験や資格試験、語学に関する本などがこの範疇《はんちゅう》に入る。ビジネスパーソンのための仕事に関連する本が多い
仕事に役立てようとして行なう読書。具体的な付加価値や行動につながるもの
人生の一部を投資して読むことを考えると、知的生産型の読書によって確実に仕事力をつけたほうが得

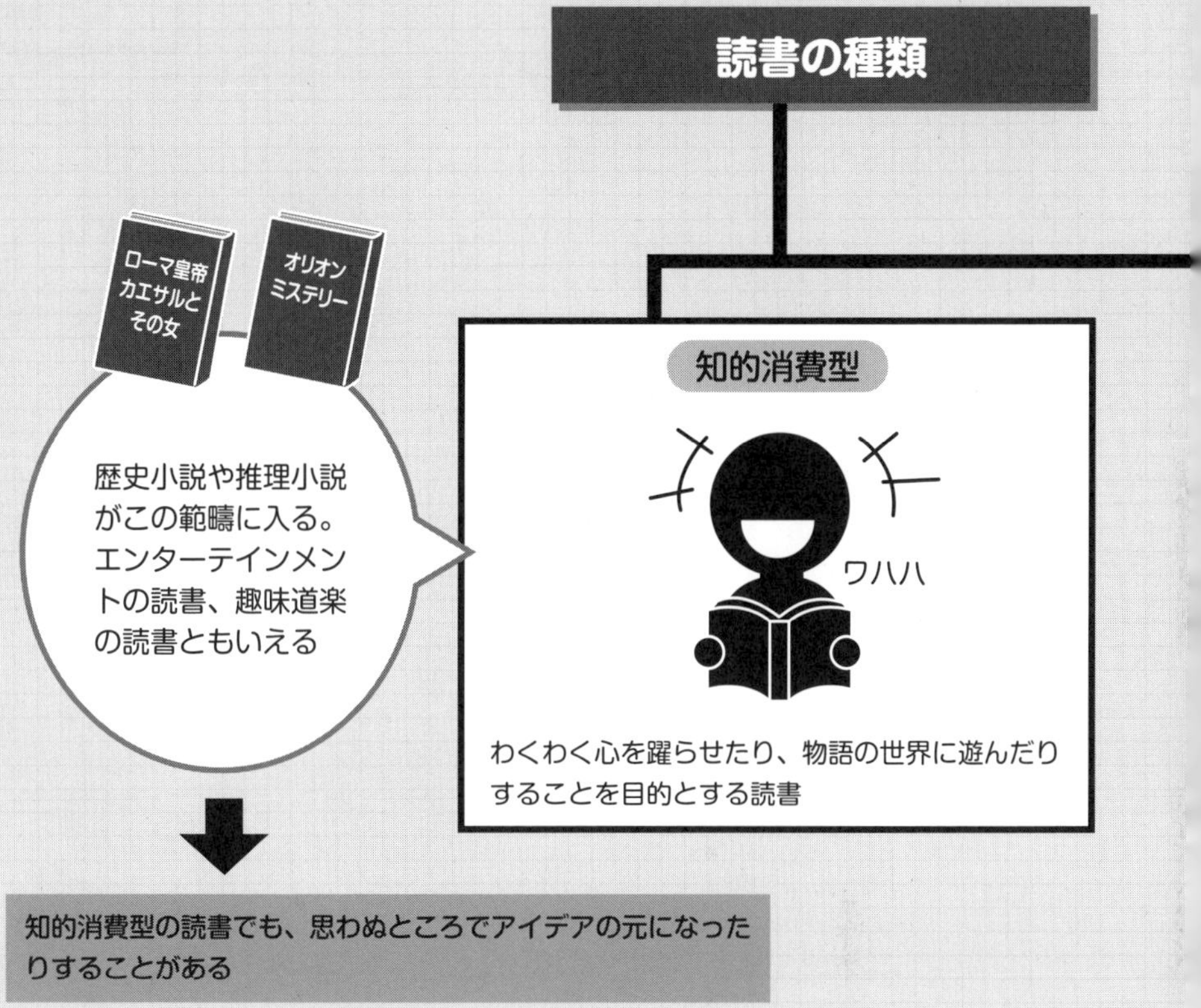
読書の種類
知的消費型
ワハハ
わくわく心を躍らせたり、物語の世界に遊んだりすることを目的とする読書
ローマ皇帝カエサルとその女
オリオンミステリー
歴史小説や推理小説がこの範疇に入る。エンターテインメントの読書、趣味道楽の読書ともいえる
知的消費型の読書でも、思わぬところでアイデアの元になったりすることがある

になった！」というように、具体的な付加価値や行動につなげるのが、この読み方の特徴といえる。

お得な読書はどちらのタイプ？

どちらが得か損かという視点で考えた場合、知的生産型の読書のほうが得だと思われる。貴重な時間を投資するのだから、それなりの成果を得なければもったいない。

ただし、知的消費型の読書から得られるものもある。一見、仕事と無関係のように思える小説が、企画立案に最大の貢献をするといったケースがあり得るのだ。

仕事に役立つ読書をしつつ、少し寄り道して仕事と無関係の本も読む。そうした感覚をもっていると、読書はうまくいく。

Essence 02

読書における3つの基本スタンス

縁読・即読・追読を習慣化し読書範囲を広げる

情報のつながりを3つの読書スタンスで捉える

本の内容を確実に頭に定着させ（インプット）、その知識を毎日の仕事や生活で活用する（アウトプット）。これが読書術の基本だが、豊穣《ほうじょう》なアウトプットは膨大なインプットからしか生まれない。

ただし先に述べたように、企画の達人になるためにひたすら企画の本を読んでいてもさほど効果が得られず、企画とはまったく関係のない本が、アイデアの元になるといったことが多々ある。情報は必ずどこかでつながっているものなのだ。

そうした意味で推奨したいのが、次の3つの読書スタンスだ。

縁読・即読・追読でアイデア増大

ひとつ目は「縁読」。これは本から本へと〝縁つながり〟で読んでいくというもの。

本のなかで著者がほかの本を紹介していることがある。それをチェックしておき、片っ端から読んでいくのだ。

ふたつ目は「即読」。誰かが「この本、面白いよ」などと勧めてきたら、即、読むのである。

ベストセラーや新刊本に関しては、このスタンスがズバリ当てはまる。新しいもの好きな人や流行にうるさい人がこの手の本を薦めてくれたら、すぐに読む。読書はタイミングが大事なので、どうせあとで読むくらいならばすぐに読んでしまいたい。

そして3つ目は「追読」である。ある著者の本が気に入ったら、その著者の本を飽きるまで追いかけて読んでみる。

こうしたスタンスで読書をしていると、読書の範囲はグンと広がり、あなたのアイデアの元は間違いなく増えるだろう。

3つの読書スタンス

1 縁読

“縁つながり”で読む

読んだ本のなかでほかの本が紹介されていたら、それをチェックして読んでみる

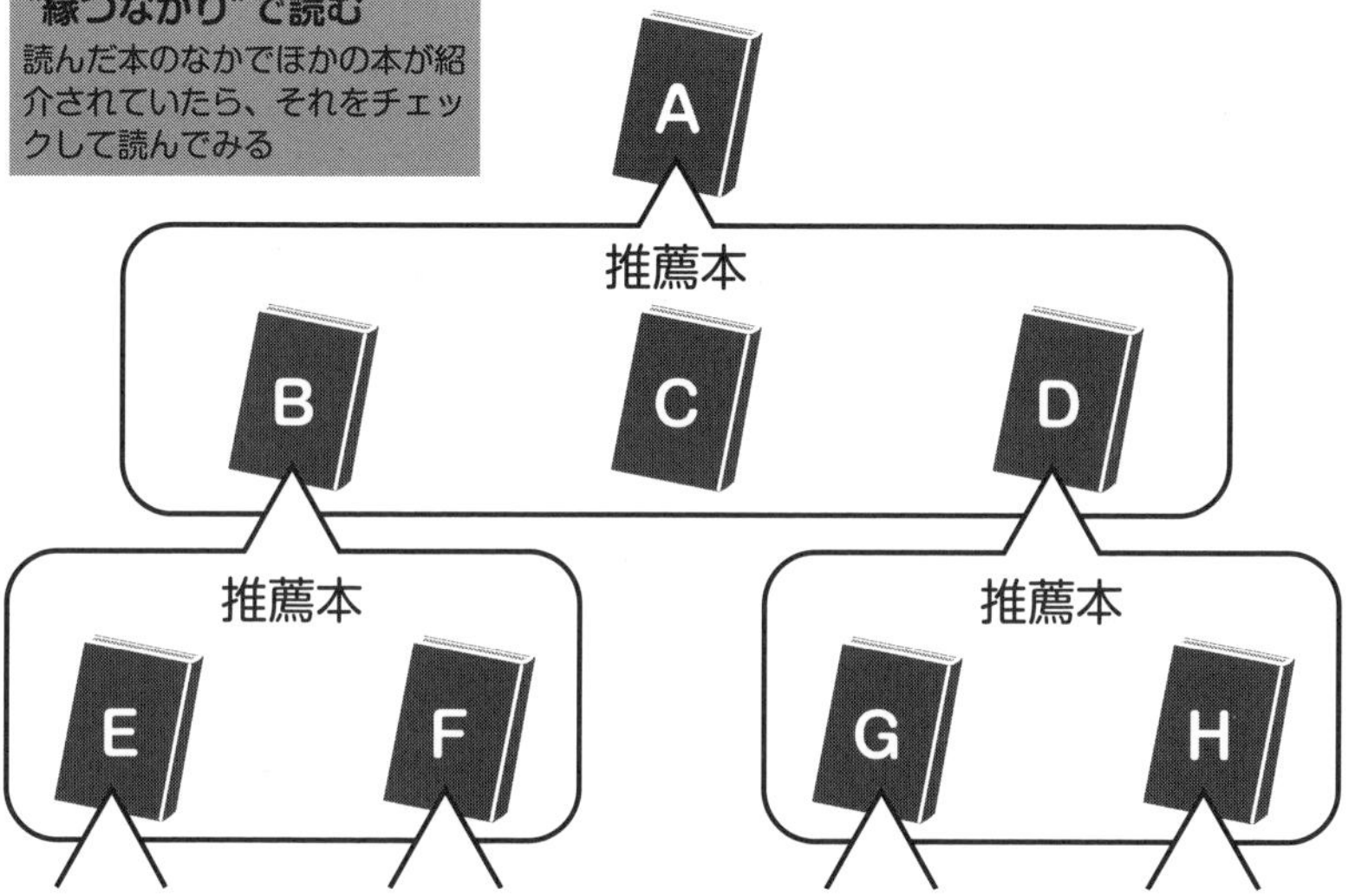
A
推薦本
B
C
D
推薦本
E
F
推薦本
G
H

2 即読

あの本
よかったよ
BOOK

薦められたら“即”読む

読書はタイミングが重要。上司や得意先の人などが紹介してくれた本はすぐに読む

3 追読

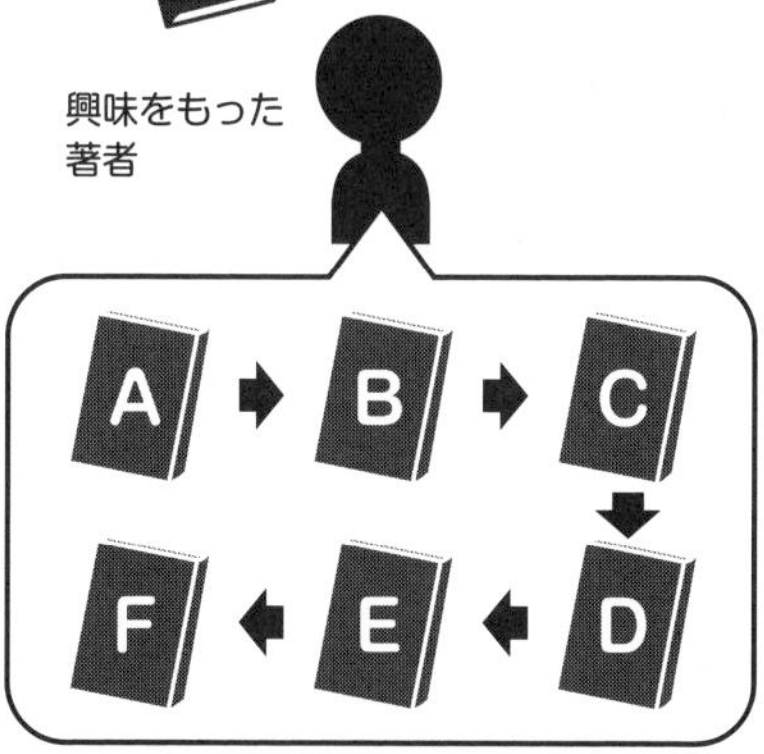
興味をもった
著者
A
B
C
D
E
F

その著者の本を“追いかけて”読む

ある著者の本が気に入ったら、飽きるまで何冊も追いかけて読んでみる

Essence

03

大量の本をすばやく読むコツ

1行ずつ目で追うのではなくブロック単位で読む

スピードを競っているうちはまだまだ二流だが……

たくさんの本を読むとなると、速読が必要なように思えてくる。しかし、読書を極めるにあたって速読をマスターしなければならないということはない。

読書で最も大切なのは読んで「考えること」である。読むスピードを速めるのではなく、本の内容を自分のものにして発想を広げていかなければ、どれだけ読書しても意味がないのだ。

とはいえ、ビジネスパーソンの場合、仕事上どうしても同時に何冊もチェックする必要が生じる。大量の本をすばやく読むにはどうすればいいのだろうか。

目を活字に慣らし鍛え上げる

読書経験が少ない人は、まず目を活字に慣れさせることからスタートすべきだ。

本を読み慣れていない人にとって、厚みのある本や大量の本を読み進めることは容易ではない。だが、目を徐々に活字に慣らしていくにつれて読むスピードもどんどん上がっていく。

目が活字になじんできたら、次は目を鍛える。

読書をするとき、ふつうは1行ずつ順に読み進めていく。しかし、この方法だと目が上から下へとせわしなく動くことになり、スピードは上がらない。

そこで1行ずつでなく複数の行を一度に読むのだ。

最初は2行単位で読んでみて、4行単位、8行単位と行数を増やしていく。それに慣れたら、今度は1ページ単位、さらに2ページ単位で読めるようにする。

この「ブロック読み」は最初は難しく感じるかもしれないが、訓練次第で誰でもできるようになる。

ブロック読みのテクニック

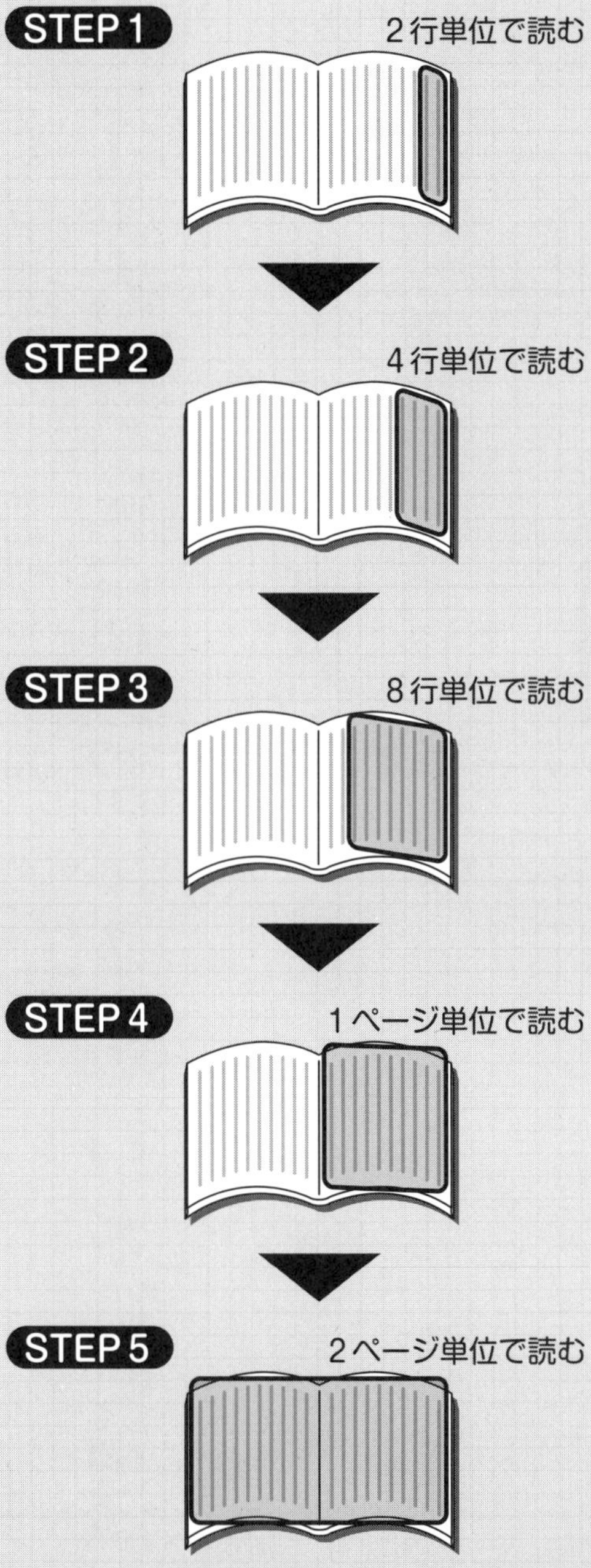
STEP 1
2行単位で読む
STEP 2
4行単位で読む
STEP 3
8行単位で読む
STEP 4
1ページ単位で読む
STEP 5
2ページ単位で読む

本を読むスピードは
目の動きで決まる

1行ずつ追っていては目の動きが制限されてしまうので、複数の行を一度に読むようにする＝ブロック読み

ブロック読みのポイントは？

ブロック読みでポイントとなるのは、視野を広くすることだ。1文字、1フレーズに捉われず、大きく広く、俯瞰《ふかん》して全体を読み取るように心掛ける。これによって文章を点から線、線から面へと広く読み取れるようになる

Essence 04

不要な部分を読み飛ばす〝手抜き〟読書法

これで読書スピード大幅アップ間違いなし

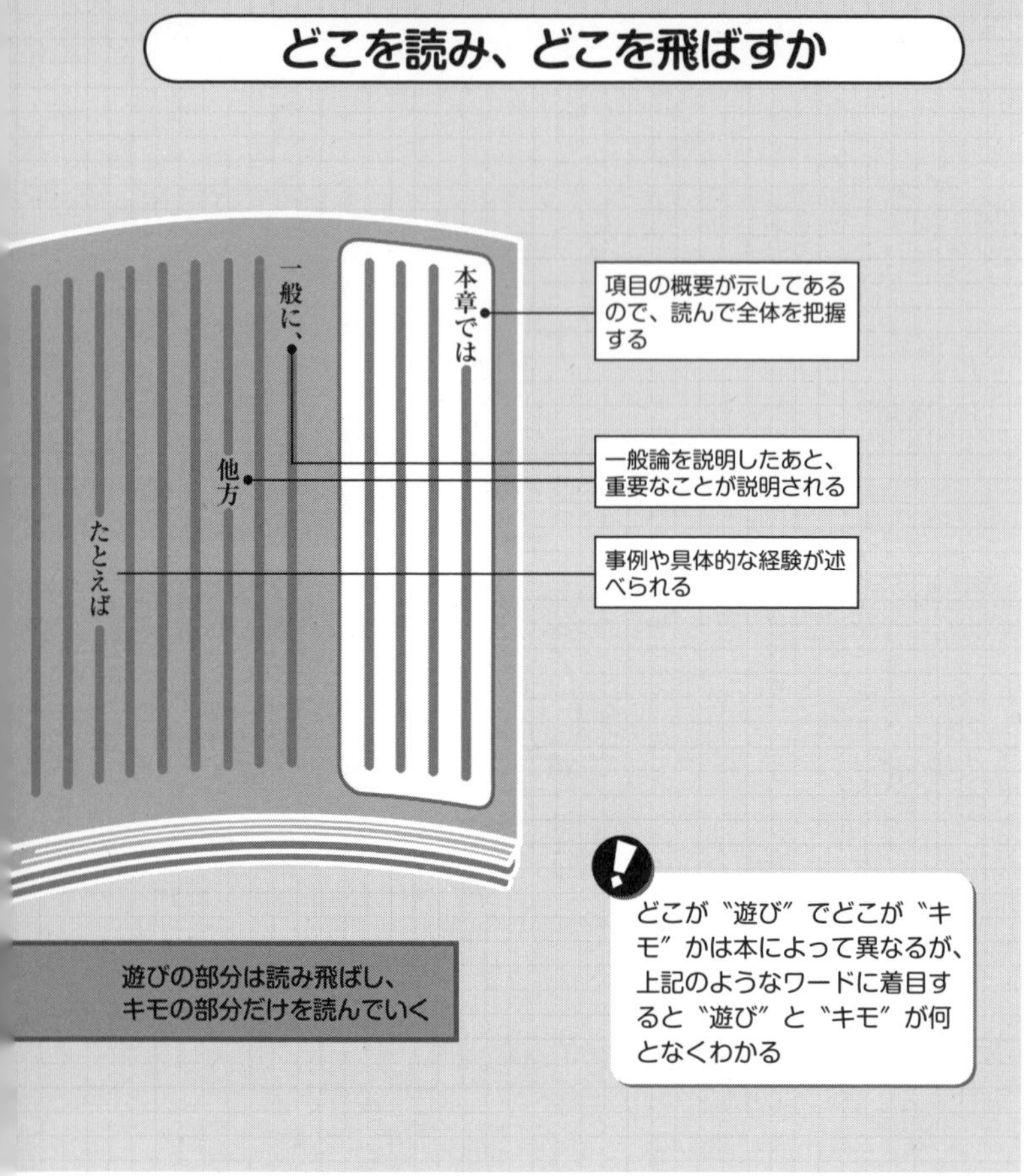
どこを読み、どこを飛ばすか
本章では
一般に、
他方
たとえば
項目の概要が示してあるので、読んで全体を把握する
一般論を説明したあと、重要なことが説明される
事例や具体的な経験が述べられる
遊びの部分は読み飛ばし、キモの部分だけを読んでいく
どこが〝遊び〟でどこが〝キモ〟かは本によって異なるが、上記のようなワードに着目すると〝遊び〟と〝キモ〟が何となくわかる

どんな本にも〝遊び〟の部分がある

読書スピードをアップさせたいなら、ぜひ知っておきたいことがある。1冊の本は最初から最後まで全ページが重要なわけではないということだ。

つまり本のなかには、本当に大切でじっくり読むべき部分と、読み飛ばしてしまっても構わない部分があるのだ。

そもそも1冊の本を同じテンションで執筆できる著者はまずいない。サビの連続だと書いている途中で息切れしてしまう。そこで多

本の構造

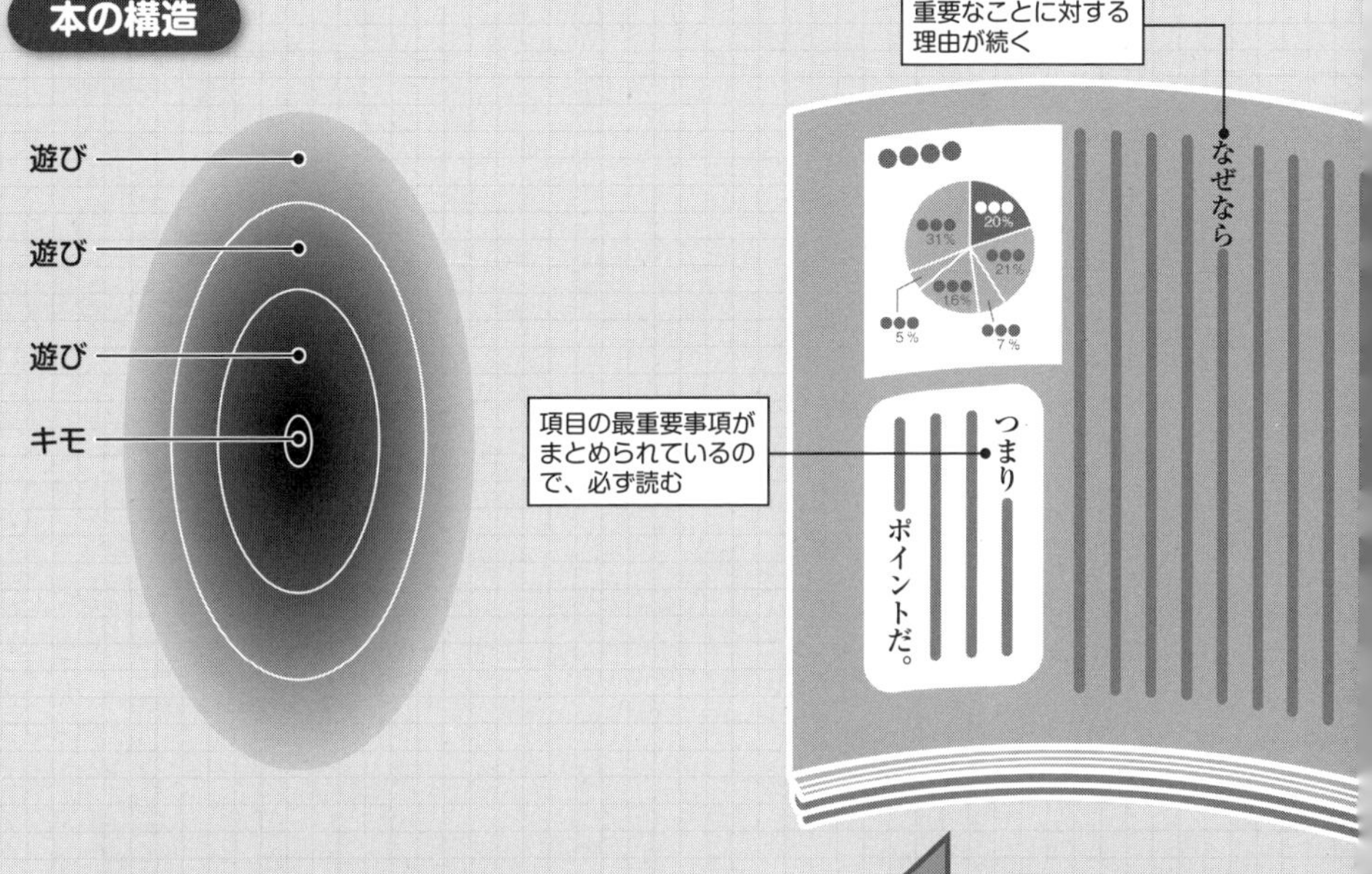
遊び
遊び
遊び
キモ
重要なことに対する理由が続く
なぜなら
20%
21%
31%
16%
5%
7%
項目の最重要事項がまとめられているので、必ず読む
つまり
ポイントだ。

〝遊び〟の含まれていない本はほとんどない。〝遊び〟の部分は無視して、〝キモ〟の部分だけを読めば、読書スピードは自然と上がる

くの著者は、重要度の低い〝遊び〟の部分を所々に挿入しているのだ。

重要ポイントだけを読めばいい

したがって、読書スピードを上げるには、遊びの部分をさっと流し、重要ポイントだけをじっくり読むようにすればいい。いわば〝手抜き読書〟である。

重要ポイントは、上記のようなワードに着目すると何となく見えてくる。

仕事のデキる人は往々にして上手な手抜きの方法を知っている。仕事の優先順位や重要度を理解せず、すべてを平等にやろうとしてもとても無理というものだ。読書はまさにそれと同じなのである。

Essence

05

1冊のなかで読むに値するのは2割だけ!?
「80：20の法則」が示す読書の極意

パレートの法則を読書に活かす

　前項では枝葉の部分を読み飛ばし、重要だと思う部分を注意深く読む手抜き読書法を紹介した。このノウハウを実践するうえで非常に役に立つのが「80：20の法則」である。

　イタリアの経済学者V・パレートによって発見されたことから、「パレートの法則」とも呼ばれる。「税額の80％は20％の富裕層により支払われる」とか「売り上げの80％は20％の商品に集中している」といった統計的な法則だが、実はこの法則は読書にも活かすことができる。

　この法則を読書に当てはめると、「1冊のなかでキモとなる部分は20％しかなく、残りの80％は枝葉にすぎない」とか、「20％の重要部分を説明するために残りの80％が書かれている」といった具合になるだろうか。

　つまり、キモの20％の部分をしっかりと捉えることができれば、残りの80％を流したとしても、1冊読んだことになるのだ。

　これを知っているかどうかで、読書するスピードに大きな差が出てくる。

キモはラストに集中

　ここで問題になるのが、どこが20％のキモの部分で、どこが80％の枝葉の部分かの見分け方だが、統計によると、キモが置かれているのは、①冒頭部分＝20％、②中間部分＝10％、③終了部分＝70％であるという。キモはラストに置かれる確率が非常に高いのだ。

　したがって、本当に時間がないときにはラストだけを集中的に読むというのも手かもしれない。完全に〝ヤマ張り〟の読書ではあるが、高確率で本のキモをつかめる。

パレートの法則と読書

パレートの法則

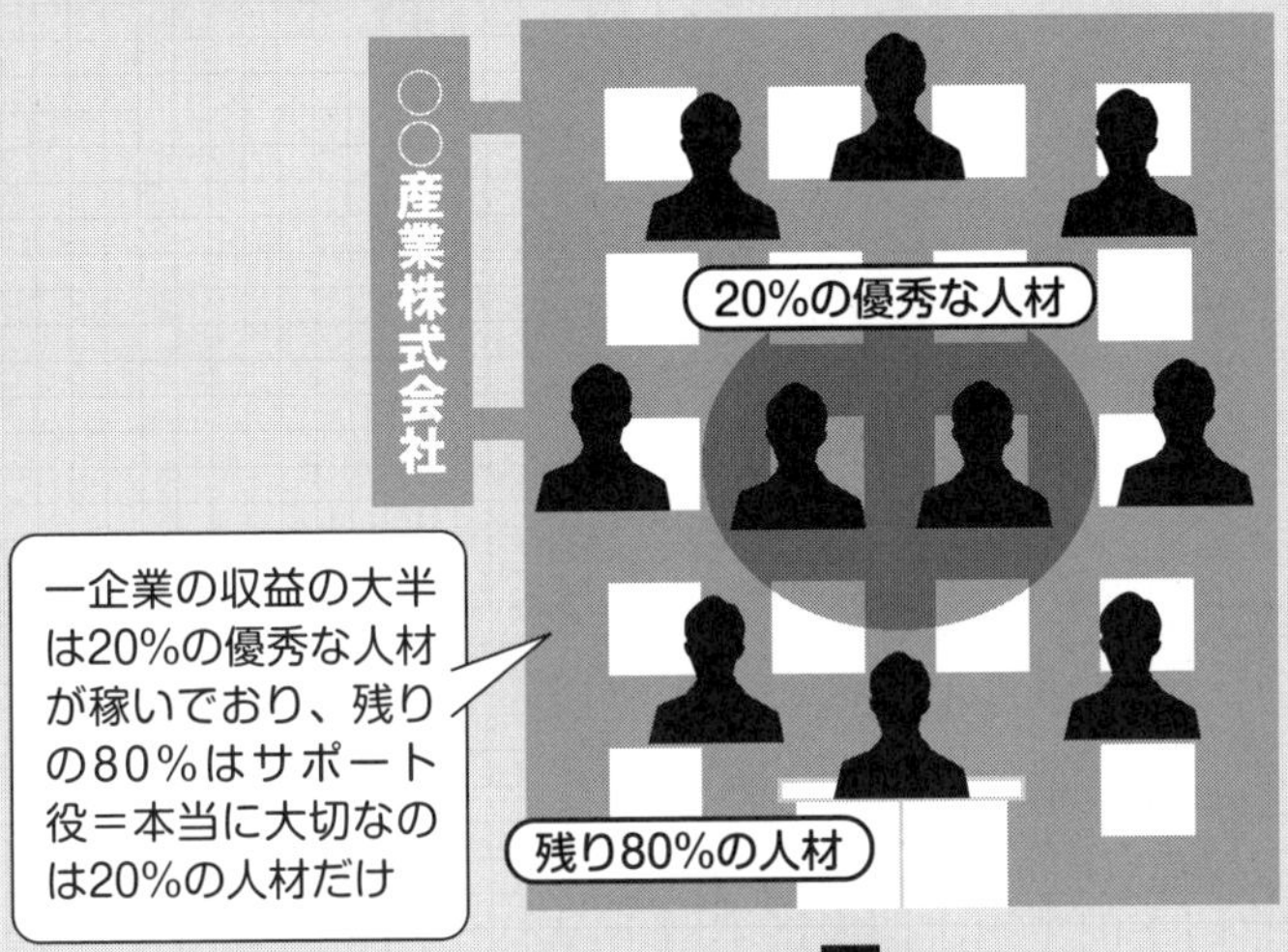

○○産業株式会社
20%の優秀な人材
残り80%の人材
一企業の収益の大半は20%の優秀な人材が稼いでおり、残りの80%はサポート役＝本当に大切なのは20%の人材だけ

これを読書に当てはめると……

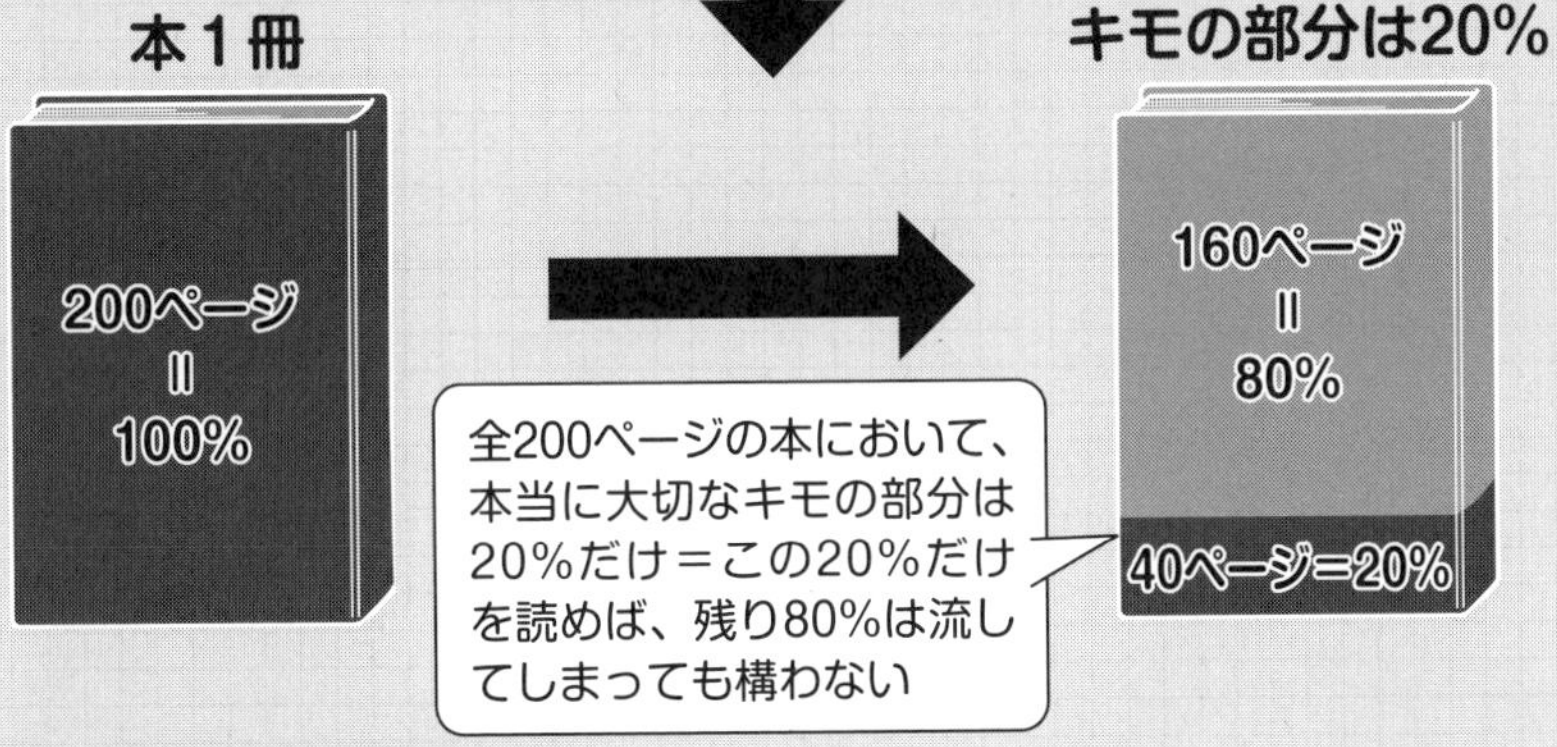

本１冊
200ページ
＝
100%
キモの部分は20%
160ページ
＝
80%
40ページ＝20%
全200ページの本において、本当に大切なキモの部分は20%だけ＝この20%だけを読めば、残り80%は流してしまっても構わない

キモはどこにあるのか？

冒頭部分 20%	中間部分 10%	終了部分 70%

キモはラスト付近に置かれることが極めて多い

Essence

06

フェロモン香る魔法の言葉が隠れている……

キラーワード・キラーフレーズを見つけ出そう

いち早く見つけたい
キラーワード・キラーフレーズ

本の内容をいち早く理解するには、キラーワードとキラーフレーズを見つける習慣をつけるといい。「キラー」とは「ダントツの」「ほかを寄せ付けない」という意味で、キラーワード・キラーフレーズは見た瞬間、ピンポイントで共感する言葉をいう。

読書中、感動したり、仕事のアイデアになったりするキーワードに出逢うことがあるが、それさえ寄せ付けないほどキラリと輝くダントツのキーワード、もしくはキーフレーズがキラーワード・キラーフレーズということだ。

たとえば、日本映画界を代表する故黒澤明監督は、「アイデアは記憶力だ。色々なものを記憶しておいて、どのタイミングで出すかがポイントだ」という一節を遺している。これなどは典型的なキラーフレーズといえるだろう。

残念ながら
わかる人しかわからない

キラーワード・キラーフレーズを見つけることができれば、読書は驚くほど効率的に進む。しかし、面白いことにキラーワード・キラーフレーズは同じ文章を読んだところで、誰もが見つけられるわけではない。

読む人が読めば、それだけでアイデアの極意をつかみ、自分の仕事に応用することもできるが、センスのない人は100回読んだところで何も見つけられないのだ。

また、キラーワード・キラーフレーズを含む本は、全体の20%くらいしかないという一面もある。

キラーワード・キラーフレーズは魅力的で人の注意を引きやすい。いわば「フェロモン」が出ている。読書するうえで何としてでも見つけ出したい言葉である。

キラーワードとキラーフレーズを探す

名探偵シャーロック・ホームズが推理のコツを新人に伝授する場面で……

キラーフレーズ

キラーワード　キラーワード

「ワトソン君、水道の蛇口からこぼれる水１滴からナイアガラの滝をイメージできるかできないか。それが推理なんじゃよ」

◎キラーワード、キラーフレーズはなんとも深いイマジネーションをわき起こしてくれる

ex.蛇口からこぼれる水１滴→情報収集力＝インテリジェンス

ex.ナイアガラの滝→発想力＋論理構築力
＝イマジネーション

！

キラーワードを見つけ、キラーフレーズを捉えることができれば、一瞬にして本の全体像が見えてくる

Essence 07

いきなり本文から読んだのでは非効率的

前書き・目次・後書きの3点セットでアタリづけを

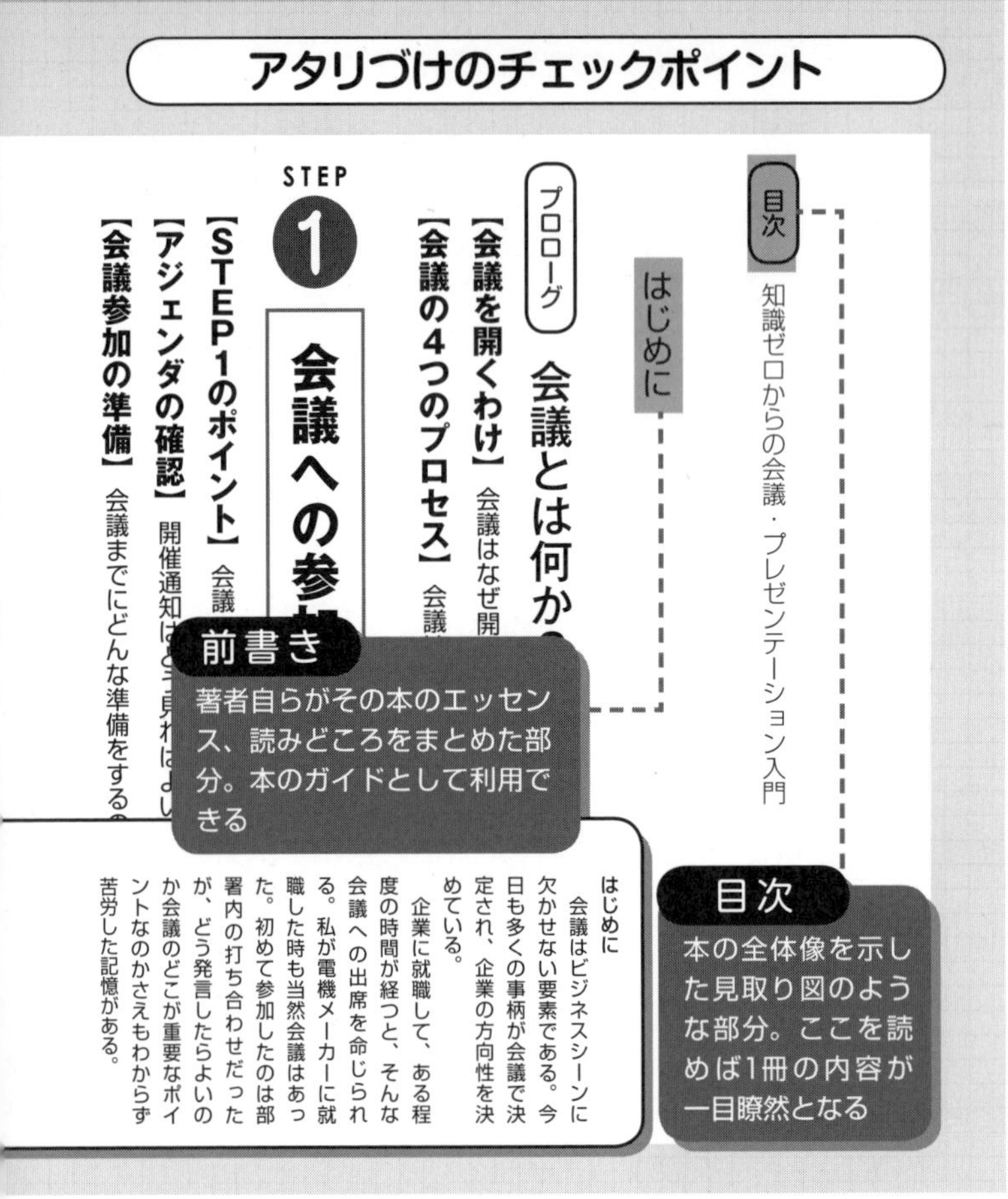

アタリづけのチェックポイント
目次
知識ゼロからの会議・プレゼンテーション入門
はじめに
プロローグ
STEP
1
【会議を開くわけ】
【会議の4つのプロセス】
【STEP1のポイント】
【アジェンダの確認】
【会議参加の準備】
前書き
著者自らがその本のエッセンス、読みどころをまとめた部分。本のガイドとして利用できる
目次
本の全体像を示した見取り図のような部分。ここを読めば1冊の内容が一目瞭然となる
はじめに
会議はビジネスシーンに欠かせない要素である。今日も多くの事柄が会議で決定され、企業の方向性を決めている。
企業に就職して、ある程度の時間が経つと、そんな会議への出席を命じられる。私が電機メーカーに就職した時も当然会議はあった。初めて参加したのは部署内の打ち合わせだったが、どう発言したらよいのか会議のどこが重要なポイントなのかさえもわからず苦労した記憶がある。

アタリをつける3つのポイント

効率的な読書をしたいと考え、本を手に入れるやいなや、いきなり本文から読みはじめる人がいるが、これは決して褒められたものではない。

文章を読み出す前に、あらかじめどこがポイントなのか、「アタリ」をつけてから読みはじめたほうが、より効率的な読書ができるからである。

では、どのようにアタリをつけるかというと、前書き・目次・後書きの3つを参照するといい。

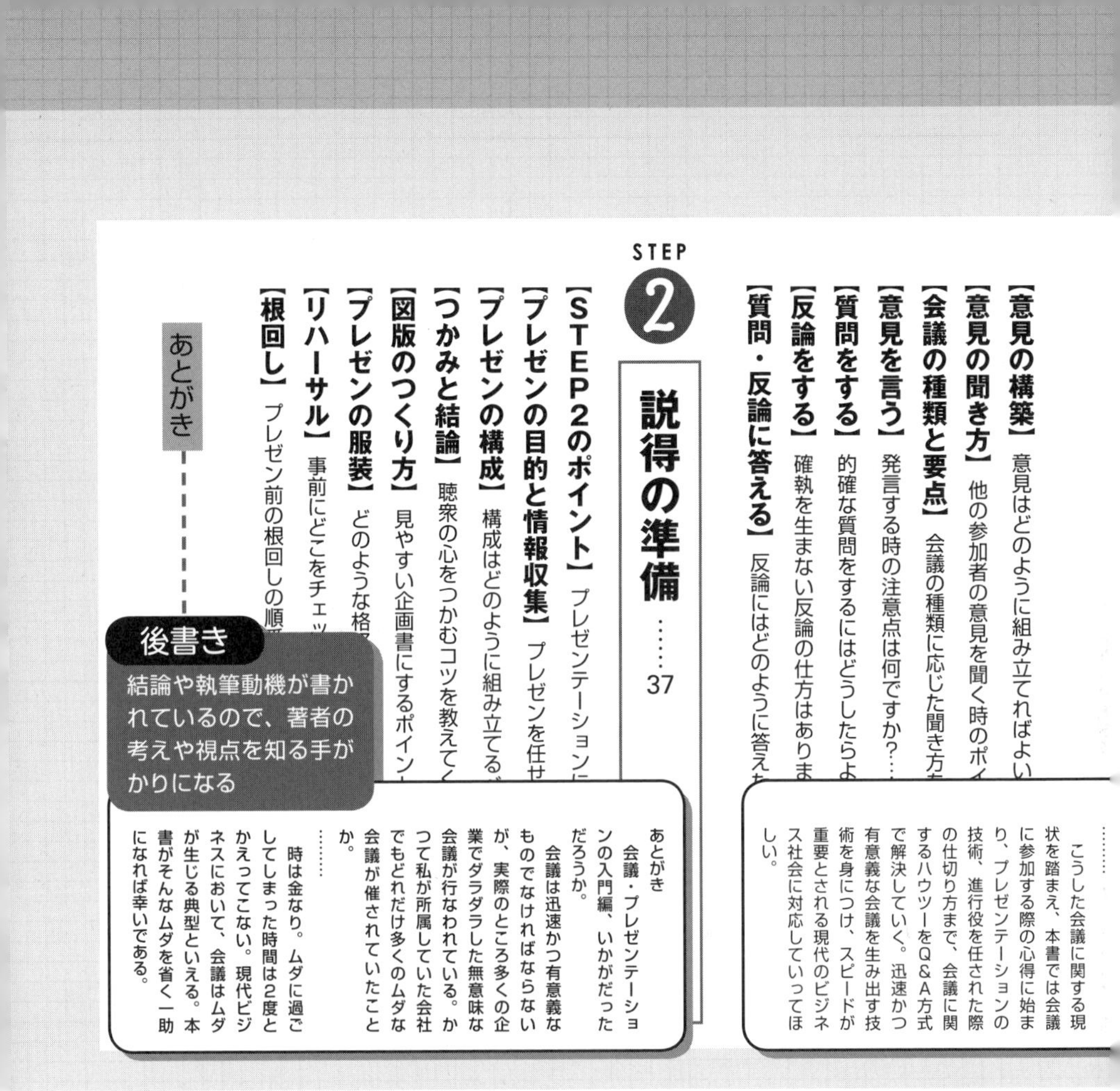
【意見の構築】意見はどのように組み立てればよい
【意見の聞き方】他の参加者の意見を聞く時のポイ
【会議の種類と要点】会議の種類に応じた聞き方も
【意見を言う】発言する時の注意点は何ですか?…
【質問をする】的確な質問をするにはどうしたらよ
【反論をする】確執を生まない反論の仕方はありま
【質問・反論に答える】反論にはどのように答えた
STEP 2 説得の準備……37
【STEP2のポイント】プレゼンテーションに
【プレゼンの目的と情報収集】プレゼンを任せ
【プレゼンの構成】構成はどのように組み立てる
【つかみと結論】聴衆の心をつかむコツを教えてく
【図版のつくり方】見やすい企画書にするポイン
【プレゼンの服装】どのような格
【リハーサル】事前にどこをチェッ
【根回し】プレゼン前の根回しの順
あとがき
後書き
結論や執筆動機が書かれているので、著者の考えや視点を知る手がかりになる
……こうした会議に関する現状を踏まえ、本書では会議に参加する際の心得に始まり、プレゼンテーションの技術、進行役を任された際の仕切り方まで、会議に関するハウツーをQ＆A方式で解決していく。迅速かつ有意義な会議を生み出す技術を身につけ、スピードが重要とされる現代のビジネス社会に対応していってほしい。
あとがき
会議・プレゼンテーションの入門編、いかがだっただろうか。
会議は迅速かつ有意義なものでなければならないが、実際のところ多くの企業でダラダラした無意味な会議が行なわれている。かつて私が所属していた会社でもどれだけ多くのムダな会議が催されていたことか。
……
時は金なり。ムダに過ごしてしまった時間は2度とかえってこない。現代ビジネスにおいて、会議はムダが生じる典型といえる。本書がそんなムダを省く一助になれば幸いである。

前書き・目次・後書きは情報の宝庫

前書きには、なぜ著者がその本を書いたのかが書かれている。また、「1章では……」「2章では……について」などと各章の概要が書かれていることもあるので、本のガイドとして利用できる。

目次には、その本の全体像が示されている。いわば見取り図だ。したがって、目次を見れば本の内容を一目瞭然で把握できる。

後書きは本文に書けなかった個人的な思いや裏話が書かれていることが多いが、著者の考えや視点がにじみ出ていることもある。

前書き・目次・後書き。この3点セットがアタリをつけるうえでの指針となるのである。

Essence **08**

アタリはこの手順で決める

「面」を読み、「線」を読み、そして「点」を読む

前書き・目次・後書きの3点セットがアタリをつけるうえで重要な役割を果たすことはわかった。それでは、具体的にどのような手順でアタリをつければいいのか。

まず前書きをチェックし、その本のテーマや各章の概要をつかむ。

次に目次を読んで、どの「面」を読むか先に決めてしまう。ヘッドラインをチェックし関心のあるページへ飛ぶ、インターネット新聞を読むようなイメージだ。

キラーフレーズ、キラーワードにも注目

「面」のアタリがついたら、後書

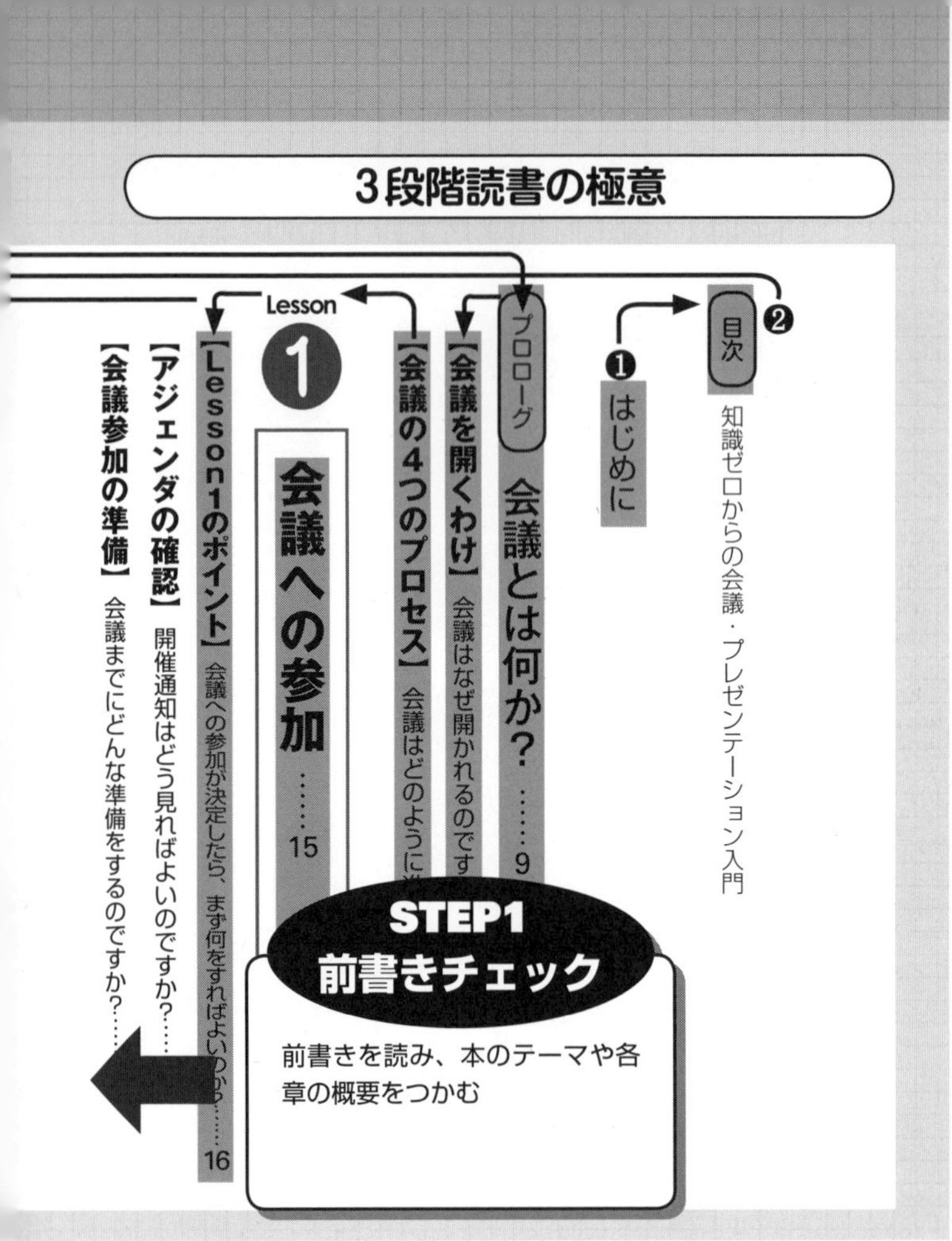
3段階読書の極意
❶ はじめに
❷ 目次
知識ゼロからの会議・プレゼンテーション入門
プロローグ
会議とは何か？……9
【会議を開くわけ】会議はなぜ開かれるのです
【会議の4つのプロセス】会議はどのように
Lesson 1
会議への参加……15
【Lesson1のポイント】会議への参加が決定したら、まず何をすればよいのか……16
【アジェンダの確認】開催通知はどう見ればよいのですか？……
【会議参加の準備】会議までにどんな準備をするのですか？……
STEP1
前書きチェック
前書きを読み、本のテーマや各章の概要をつかむ

【意見の構築】意見はどのように組み立てればよいので
【意見の聞き方】他の参加者の意見を聞く時のポイ
【会議の種類と要点】会議の種類に応じた聞き方
【意見を言う】発言する時の注意点は何ですか？
【質問をする】的確な質問をするにはどうしたら
【反論をする】確執を生まない反論の仕方はあり
【質問・反論に答える】反論にはどのように答え
Lesson
2
説得の準備……127
【Lesson2のポイント】プレゼンテーションにはどのような準備が必な……128
【プレゼンの目的と情報収集】プレゼンを任せた時、まずすべきことは何で……130
【プレゼンの構成】構成はどのように組み立てるべき
【つかみと結論】聴衆の心をつかむコツを教えてく
【図版のつくり方】見やすい企画書にするポイン
【プレゼンの服装】どのような格好で臨めばよ
【リハーサル】事前にどこをチェックすればよい
【根回し】プレゼン前の根回しの順番を教えてく
❸ あとがき
STEP2
目次チェック
目次を見て、どの「面」を読むか決めてしまう。インターネット新聞のヘッドラインを見る感覚で行なう
STEP3
後書きチェック
結論や執筆動機が書かれている後書きを読む。その後、「線」に注意しながら、チェックした項目をページ順に読んでいく

きに目を通し、今度は「線」に注意しながら、チェックした項目をページ順に読んでいく。

「線」とは、その本のキラーフレーズのことで、前書きや目次、章見出しになっていることが多い。キラーフレーズのなかには「点」、つまりキラーワードが含まれているので、キラーワードにも注意して読み進める。

このように「面→線→点」の3段階で読むように心掛けると、ポイントを外すことなく読むことができる。

前書き・目次・後書きの3点セットと面・線・点の3段階読書。これを意識していれば読書が驚くほど捗る。

Essence 09

スピード重視のポイントチェック

付箋を使えば速度を下げることなくチェックが可能

減速したくないなら付箋でチェックする

本を読んでいると、「これはすごい！」と共感したり、「これは違うだろう」と反論したくなることがある。

こうした場合、読むスピードを緩めてメモをとりながら読むのもいいが、スピードを落としたくないのであれば、付箋を使うといい。

付箋は読書における重要アイテムである。常に携帯し、読書する際には必ず手元に置いておくように習慣づける。

それではどういう部分をチェックするのかというと、先に述べたような共感部分と反論部分のふたつ。共感部分は自分の想像力を刺激してくれるし、反論部分は「こう考えたらもっと面白くなるのでは」と注文をつけることによって、オリジナルのアイデアになったりするからである。

読了後の付箋チェックで読書効果を高める

1冊読了したら、付箋を貼った部分だけをもう一度さっとチェックする。

読んだ先から忘れているということがよくあるが、付箋部分だけでも読み返せば、すぐに思い出せるだろう。また、二度読んだ部分に関しては、記憶の定着率が高まりなかなか忘れない。

そして「なぜ、ここに付箋を貼ったのだろう？」という部分があれば、その付箋はすぐに剥がしてしまい、最終的に残った付箋の部分の内容だけをパソコンに打ち込んでいく。

つまり、パソコンが本から得た情報の〝最終処理工場〟になるわけだ。

こうしたやり方ならば、誰でも容易に本の内容をどんどん吸収し、消化していけるだろう。

付箋の使用法

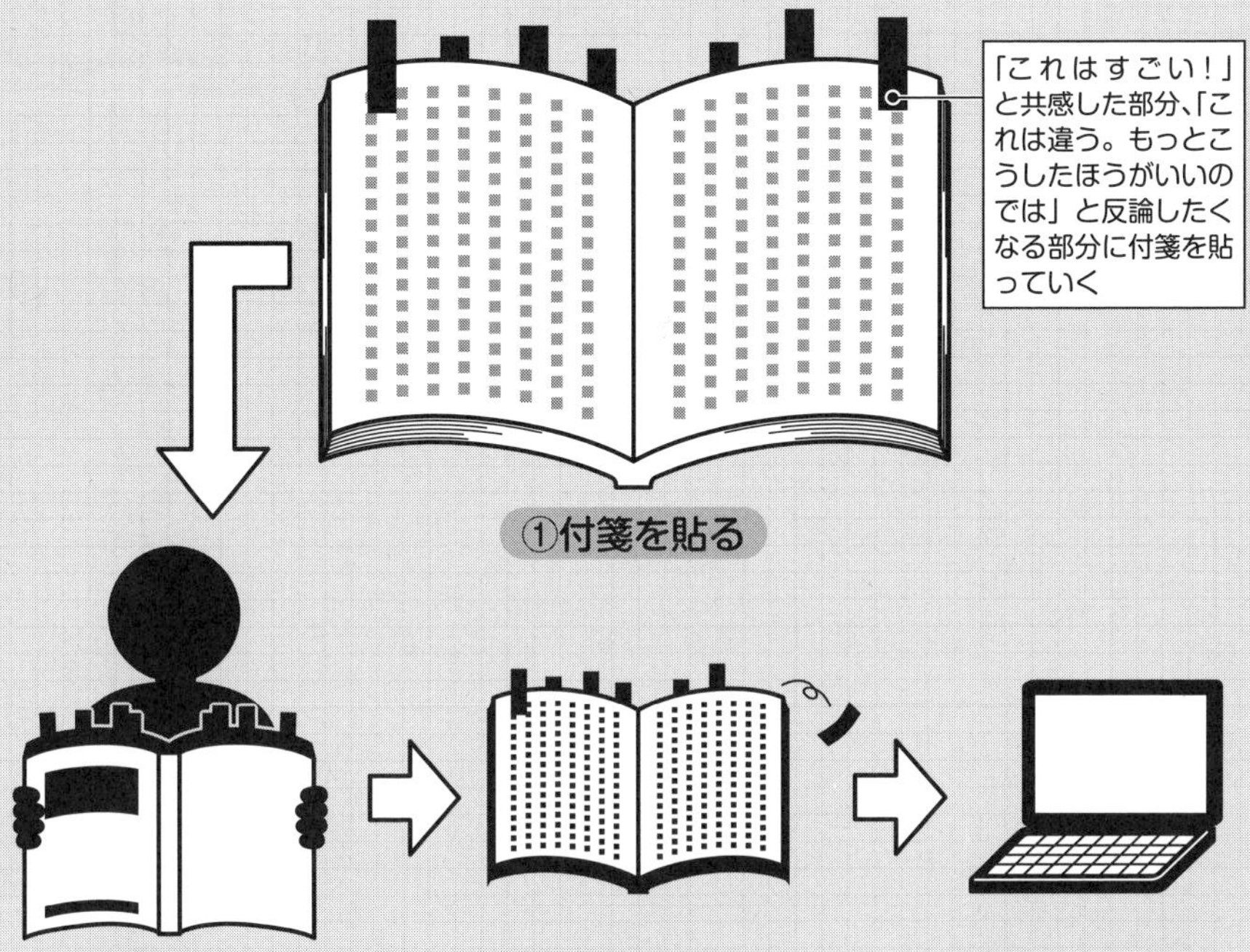

「これはすごい！」と共感した部分、「これは違う。もっとこうしたほうがいいのでは」と反論したくなる部分に付箋を貼っていく
①付箋を貼る

②読み返す

読了後、付箋を貼った部分だけをもう一度さっとチェックする

③付箋をとる

付箋を貼った理由を思い出せない部分があれば、その付箋はとる

④データ化する

最終的に残った付箋部分の内容を、パソコンに打ち込んでいく

中島孝志のうんちく　日本の付箋は500種類以上!?

現在日本では素材、粘着力、色のバリエーションなどによって500種類以上、世界では1000種類以上の付箋が販売されているという。私が主に使っているのは、15ミリ×50ミリの付箋。四六版（通常の単行本サイズ）のハードカバー、ソフトカバーには、これくらいの大きさの付箋がちょうどいい。大型本には、もう少し大きめのものを使っている。

デザイン重視でも悪くはない。しかし、あくまで読みながらチェックするためのツールだから、使い勝手のいいものを選ぶべきかもしれない。

Essence

10

難読本を攻略するには?①

長時間かけて精読するより短い時間で3回読む

1~2時間で読み切るというルールをつくる

本をたくさん読んでいると、難解な本に出逢うことが少なくない。意味のわからない言葉が頻出する、抽象的な内容で骨が折れる……そうした本と対峙《たいじ》したとき、どう対処すべきだろうか。

おそらく、じっくり時間をかけて精読すればよいのではないかと考える人がほとんどだろう。

しかしながら、わからない言葉や文章が出てくるたびに一時停止して、百科事典やインターネットで調べながら読み進めていたのでは、読了までに何年かかるかわからない。途中で話の筋がわからなくなったり、内容を忘れてしまうこともある。

そこでお勧めしたいのが、1~2時間で1冊の本を読み切ってしまうという方法だ。どんなに難しい本でも精読せずに1~2時間で読んでしまうのである。

そして、この読み方を3回繰り返す。つまり、短時間で1冊読み切るというやり方を3セット行なうのだ。1冊を精読するより、10分ずつでも3回繰り返し読んだほうが理解できるというケースがあるのである。

3段階読書法で難読本も恐るるに足らず

とはいえ、3回とも同じペース・リズムで読むわけではない。

まず1回目は必要な部分と不必要な部分を分けながら読んでいく。

たとえば、経営の本を読むとしよう。その本から得るべきは、経営者として仕事に活かせる情報だけでいい。著者の生い立ちや過去の苦労話まで丁寧に読む必要はないので一気に読み飛ばし、キモの部分だけを付箋でチェックしながら慎重に読み進めていくのである。

2回目はキモの部分、つまり付

難読本には3段階読書法で挑む

1回目

要・不要を腑分《ふわ》けする

どこがキモで、どこがチェックしなくてもいい部分なのかを判別し、キモの部分に付箋を貼りながら読み進める

（2時間）

Point
読書にはメリハリが大切。キモでない部分は高速で通り過ぎていい

2回目

キモの部分だけを読む

付箋を貼ったキモの部分だけを読み、キラーワード、キラーフレーズを見つける

（1時間）

Point
キモさえ消化できればOKで、あとは不要と考える。「いいとこどり」ができればいい

3回目

気づき・ひらめきをまとめる

その本から気づいたこと、ひらめいたことをメモしてパソコンに入力する

（30分）

Point
キラーワード、キラーフレーズから気づきやひらめきが連想されることが多い

箋を貼った部分だけを読み、その部分が本当に使える情報なのかを確認する。もし価値のない情報だと判断したなら、付箋を剥がす。

この段階で付箋がまったく残らない本は、読む価値のない本だから、読むのをやめて古本屋にでも売ってしまう。本はあくまでも発想やアイデアを引き出すための道具だと考えれば、特別大事に扱う必要はない。遠慮せず、どんどん古本屋に売り払ってしまおう。

そして3回目は、その本を読んで気づいたこと、ひらめいたことをチェックしてメモにとり、パソコンに入力する。

本は努力して読むものではなく、集中力、反射神経で読むもの。豊かな発想やアイデアは、読んだあとからついてくる。

Essence
11

難読本を攻略するには？②

図解本やマンガを入門書として活用する

重要書に限って難読本が多いという現実

仕事に役立つのは、ビジネス書や自己啓発書だけではない。歴史書がマネジメントの参考になったり、哲学書が起業精神を呼び起こすといったケースもある。

実際、山岡荘八の『徳川家康』は経営者やビジネスパーソンの必読書であり、塩野七生の『ローマ人の物語』も組織論や人物論を学ぶうえで最高の教科書だ。

しかし、そうした本は難読本であることが少なくない。内容が難しい場合もあるし、尋常ではないボリュームの場合もある。『徳川家康』は全26巻、『ローマ人の物語』は全15巻と、よほどの本の虫でなければ、あまりのボリュームに圧倒されてしまうだろう。

さて、こうした難読本にはどのように対処すればいいのか。難読本や長編本にあたったときにお勧めしたいのが、参考書を読んでから本格的な読書に入る方法だ。

図解本やマンガで概要をつかむ

たとえば図解本や入門書は、誰にでもわかるレベルで易しく書かれている。複雑な人物関係も、図解を見れば格段に理解が進む。

マンガも立派な参考書になる。マンガならどんなに壮大なストーリーであっても、半日あれば読了し、概要をつかむことができる。

先に挙げた『徳川家康』ならば、横山光輝のコミックスがいい。それによってアウトラインをつかんでおいて、山岡荘八の全集にとりかかれば、すんなりと読破できる。

マンガより映像のほうが好みという人は、映画やＤＶＤでアウトラインをなぞってもいい。

図解本やマンガも受け入れる柔軟な姿勢が大切だ。

図解本やマンガで理解が進む

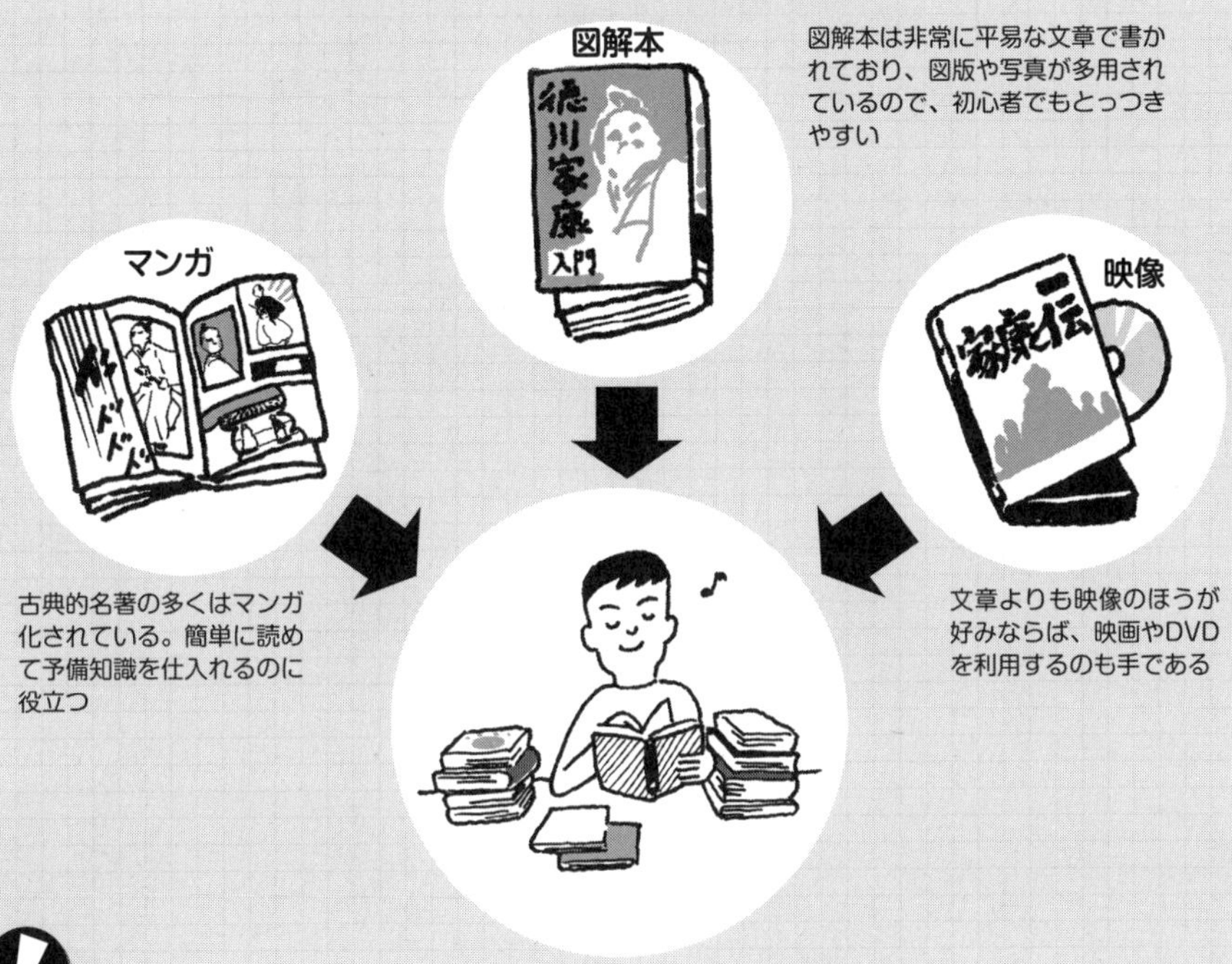
図解本
図解本は非常に平易な文章で書かれており、図版や写真が多用されているので、初心者でもとっつきやすい
徳川家康
入門
マンガ
古典的名著の多くはマンガ化されている。簡単に読めて予備知識を仕入れるのに役立つ
映像
家康伝
文章よりも映像のほうが好みならば、映画やDVDを利用するのも手である

図解本やマンガなどを読んでアウトラインをつかんでから難読本を読むようにすると、読破するのがラクになる

中島孝志のうんちく　歴史小説に記されたビジネスの極意

山岡荘八の『徳川家康』には、家康が2代将軍・秀忠に対して、こう語る場面がある。「大将というものは、下の者から敬われているようで軽んじられ、恐れられているようで侮られ、親しまれているようで疎んじられ、好かれているようで嫌われている。だから、鞭《むち》で打ったり縛りつけたり、機嫌をとったり遠ざけたり、恐れさせたり、油断させてはいけない」と。そして「では、どうすれば？」という秀忠の問いに、「惚《ほ》れさせることよ」と答えている。部下から好かれるというのは、まさにマネジメントの極意のひとつ。ビジネスにおいても歴史物は大いに役立つのだ。

Essence 12

男性ならばふだん読まない女性誌を手にとる

ルーティンから抜けると新たな気づきが!!

〝だぼはぜ〟精神がよい読書のカギ

読書は、その人の嗜好《しこう》がストレートに反映されるものだ。歴史物が好きな人もいれば、ミステリーばかり手にする人もいる。仕事に役立つビジネス書だけを読むというサラリーマンも少なくない。

だが、そうした個人の嗜好に偏った読書、いわゆる偏読をしていると、世界が広がらず未知の知識や情報に疎くなってしまう。

ビジネスパーソンとして成功しようと思うなら、何でも知ろう、何でも読んでやろうという〝だぼはぜ〟精神が大切になってくる。

恥ずかしがらずに女性誌チェックを習慣づける

具体的に何をすればよいのかというと、ここでは異性向けの雑誌を読むことを提案したい。ほとんどの男性は男性誌しか読まないだろう。だが、『日経ウーマン』や『クロワッサン』『STORY』『VERY』『CanCam』『JJ』『ミセス』など、ふだん読まないような女性誌をあえてチェックしてみるのだ。

女性誌ということで抵抗があるかもしれないが、仕事の進め方や人プライベートに関する考え方、人間関係、悩み、趣味など現代の女性から得られることは山ほどある。

そもそも世の中の半分を占めているのは女性であり、彼女たちをないがしろにしてしまってはビジネスの成功はおぼつかない。

成功したければ、女性誌を読んで女性マーケットがどういうものかを理解すべきだ。女性誌を読むことを習慣にしている男性は、自然とアンテナが鋭くなり、その鋭いアンテナをビジネスに応用できるようになる。ぜひ女性誌のシャワーを浴びて、自分の世界をより広がりのあるものにしてほしい。

男性が女性誌を読むメリット

女性誌
CanCam
クロワッサン
男性誌
mono
GOETHE

女性誌

- □ 女性の流行がわかる
- □ 女性の悩み、生き甲《が》斐《い》を理解することができる
- □ 女性特有の考え方がうかがえる
- □ 女性の価値観を知ることができる

○

世の中の半分を占める「女性マーケット」をものにできるチャンスが広がる

男性誌

- □ 男性の流行がわかる
  ➡すでに知っている
- □ 男性の悩みがわかる
  ➡すでに知っている
- □ 男性特有の考え方が見える
  ➡すでに知っている
- □ 男性の価値観を知ることができる
  ➡すでに知っている

×

男性誌をチェックすることも大事だが、それだけを見ていては世界が広がらない

！ 女性誌のシャワーをたっぷりと浴びて、世界を今以上に広げるべき

偏読を"治療"する場所

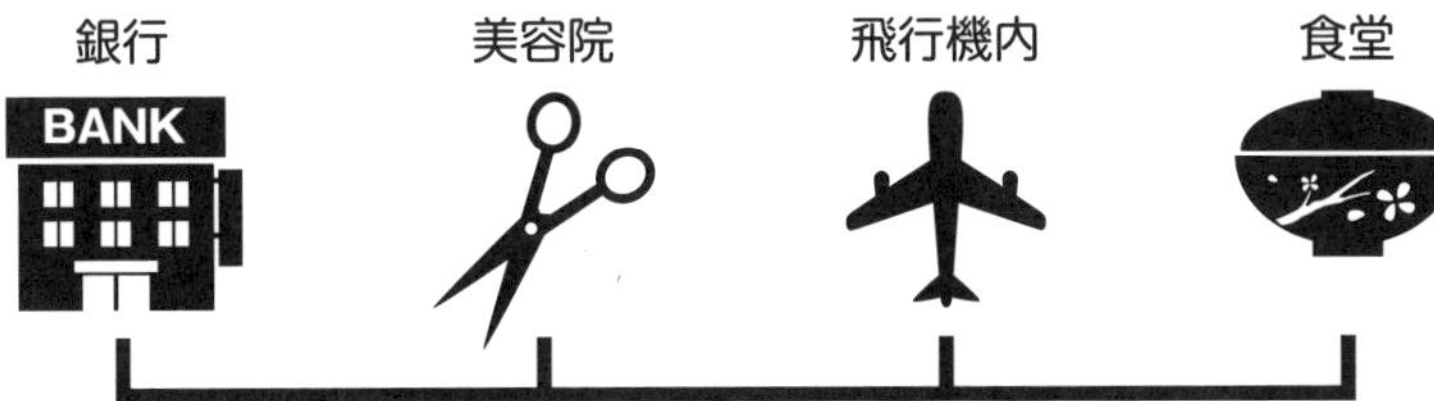

銀行
BANK
美容院
飛行機内
食堂

ふだん目にすることのないような専門誌や業界紙が置いてある

▼

未知との遭遇！

待ち時間などに目を通せば、人生でノーマークだった情報に触れられる

Essence

13

信用できるのは現場の声！

社長が書いた本ではなく、社員が書いた本を読む

評判のヤリ手社長が口先だけのときも……

将来、経営者になりたいと考えている人は、マネジメント本を読むことになる。たとえば、「どん底の経営状況からV字回復を果たしたA会社の社長が経営の極意を伝授する」といったコピーのついた本があれば、すぐに飛びつくことだろう。

しかし、そうした経営者のマネジメント本よりも、むしろ第一線ではたらいているビジネスパーソンが書いた本のほうが信用できるケースもあるので注意が必要だ。

もちろん、再建社長が乗り込んで、自ら腕を振るって業績をV字回復させたのであれば、その実践談は勉強になる。

しかしよくよく調べてみると、経営再建の主役は現場の部課長で、社長はスポークスマンとしての役割がメインだった、社長は現場の奮闘ぶりについて詳細は知らず、広報担当者のいうがままにメディア向けのセリフを吐いていただけだった……などということが往々にしてある。

そうした経営者が書いたマネジメント本がどれほど役に立つかは、推して知るべしである。

現場責任者の声に耳を傾ける

たとえば、経営難に陥ったビール会社を見事に再建したとされる社長の本と、そのビール会社の研究開発部で日夜研究に従事していた現場責任者の本があったとする。

その社長の手腕が本物だと思えるのならば、大所高所から見た彼のマネジメント本を読んでみるのもいいだろう。しかし、手腕にクエスチョンマークがつくような社長ならば、ディテールに満ちた現場の声、苦労話、情報が詳述され

社長よりあてになる現場責任者の声

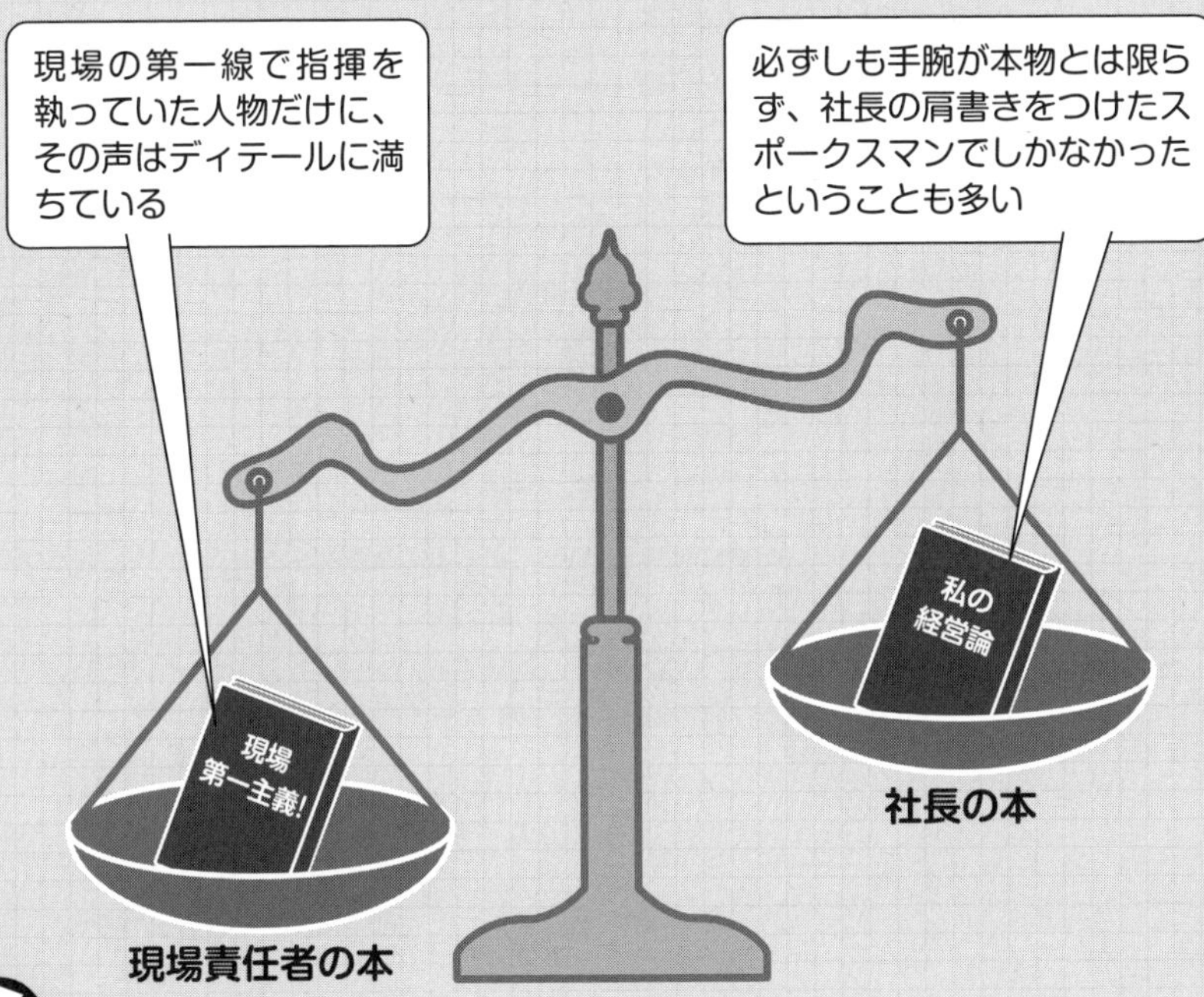
現場の第一線で指揮を執っていた人物だけに、その声はディテールに満ちている
必ずしも手腕が本物とは限らず、社長の肩書きをつけたスポークスマンでしかなかったということも多い
私の経営論
現場第一主義!
社長の本
現場責任者の本

経営者の本だけでなく、現場を取り仕切っている社員が書いた本を読むことも必要である

た第一線の現場責任者の本を選んだほうがいい。

そうした本には仕事の知識化、ビジネスの教訓化がしやすい一面がある。あなたが実際に経営者の立場になったとき、それが、血肉となっているだろう。

中島孝志のうんちく　アサヒスーパードライ開発者の生の声

『たかがビール　されどビール』（日刊工業新聞社）の著者・松井康雄氏によると、多くの研究員が1杯飲むと満足するビールの開発提案をするなか、松井氏はマーケティング知識を活かして何杯でも飲めるビールの開発を提案し、戦後最大のヒット商品を生んだ。こういう現場の声こそが自分の血肉となるのだ。

Essence

14

脳はキリの悪いのが好き!?

あえて途中で中断したほうがよい読書ができる

脳科学にもとづく読書法

読書をやめるか否か

出社時
あっもう駅についちゃった
…いいところだったのに

駅に到着し、もう降りなければならないのだが、読書がちょうどいい場面で中断したくない

途中で読書をやめると気持ちが悪いが……

スキマ時間の読書を推奨する人は多い。通勤途中、移動時間、食後、入浴中……ビジネスパーソンには1日のなかでスキマ時間が意外に多いから、その時間を有効に使って本を読もうというものだ。

しかし、電車やバスのなかで読書をしていると、早々に目的地についてしまい、読んでいたものを途中で打ち切らなければならなくなるケースがよくある。

こうした場合、途中でも強制的に読書を打ち切ったほうがいい。

帰宅時
さて、これからどう展開していくんだろう。楽しみだわ！

読書を再開したとき、前に読んだ内容がすぐ記憶によみがえり、途切れていた時間がつながる

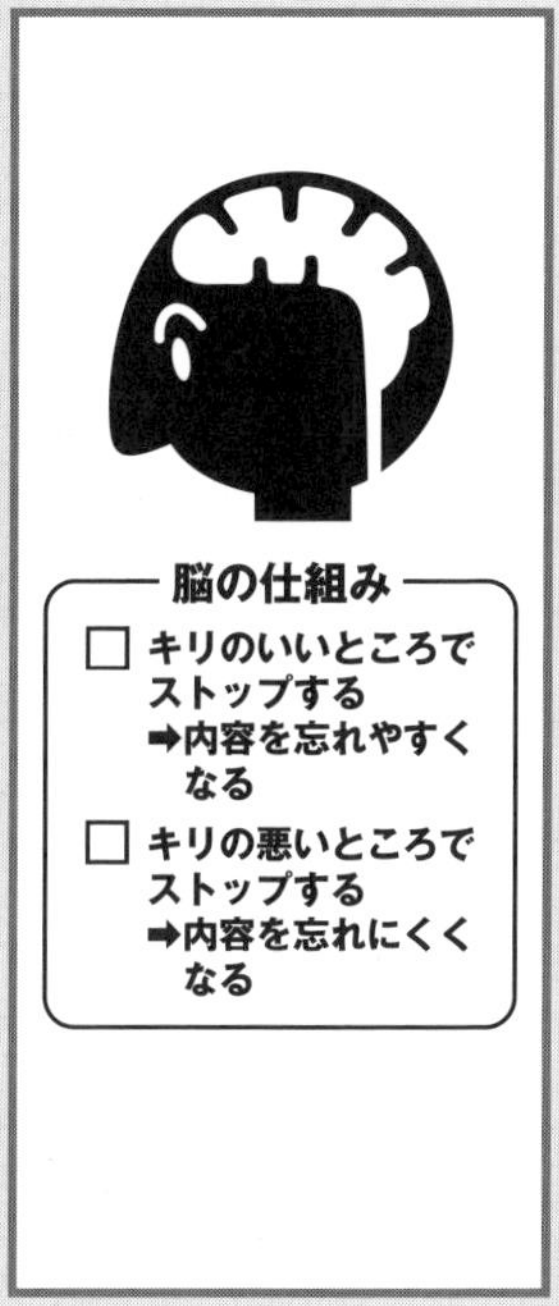
脳の仕組み
□ キリのいいところでストップする
➡内容を忘れやすくなる
□ キリの悪いところでストップする
➡内容を忘れにくくなる

脳科学の見地からはキリの悪いところで読むのをやめたほうが後々まで記憶に残る

途中で読むのをやめると気持ちがもやもやするが、脳科学の見地から見ると、キリの悪いところで読書をやめたほうが、読書の内容が長く記憶に残るのである。

脳の特徴を活かした読書法とは？

そもそも脳には、キリのいいところでストップするとその内容を忘れやすくなり、キリの悪いところでストップすると忘れにくくなるという傾向がある。

したがって、スキマ時間を利用した読書では、「キリの悪いところ」で中断しておくと、次に読むときにすんなり記憶がよみがえり、途切れていた時間がつながりやすいのだ。

Essence

15

年齢により必要な本は異なる
人生を3段階に分けて読むべき本を選ぶべし

若手の時代には異業種本を！

あまり知られていないが、実はビジネスパーソンの年齢と読書の間には相関関係がある。

つまり、この世代ではこの本を読むべき、この世代になったらこの本を読むべき、という世代別の本の適性があるのだ。

一般的なビジネスパーソンの人生を世代で分けるとすると、①社会人1年目〜35歳　②35歳〜45歳　③45歳以降といった形になるだろうか。

この分類に沿って考えると、①の社会人1年目から35歳までは、基本的なビジネススキルを学ぶ期間になる。したがって、自分の仕事に関する本が必読書となるが、できれば異業種の本を併せて読んでおきたい。

たとえば、異業種の会社が急成長した様子を描いた本を読んで成功の秘訣を盗む。

なぜこの会社は伸びたのか、なぜ自分の会社は下降線をたどっているのか。それを研究して自分のものにできるよう努力する。本に書いてあることをそのまま盗むのもいいが、自分流にアレンジして盗めれば理想的だ。

中堅になったらマネジメント本を読む

35歳から45歳は部下や組織を動かすためのマネジメントスキルを磨くときで、もはや自分の仕事だけに専念する時期は過ぎている。大会社の経営トップに就いた人の経験談などを読むと参考になる。

そして45歳以降は、人徳を高めるとき。ヒューマンスキルに磨きをかけられるような本を読む。

こうして年代ごとの特性に合った本を読んでいくことにより、ビジネスパーソンとしての人生の成功をつかむことができるのである。

読書と年齢の相関関係

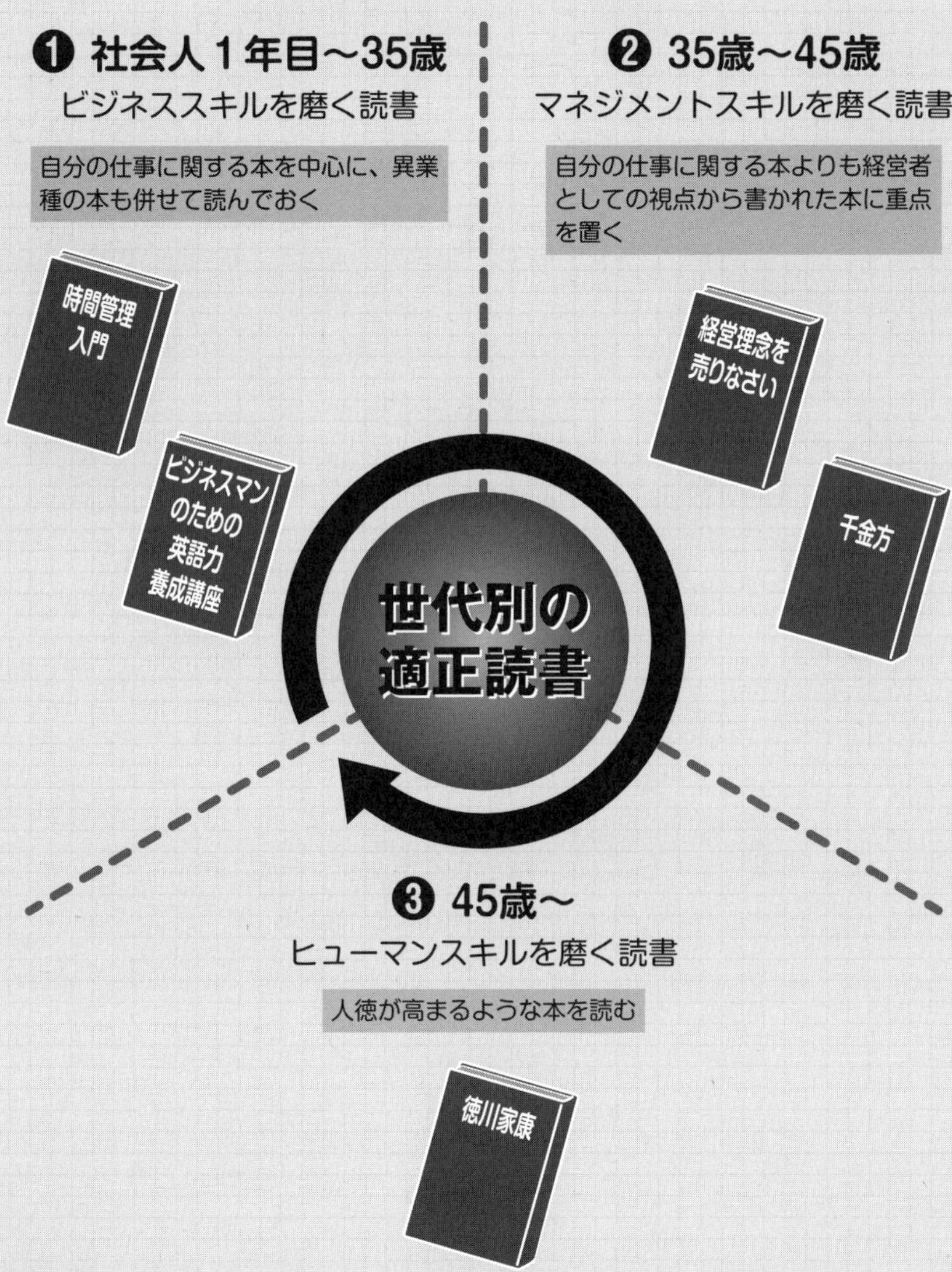
❶ 社会人１年目～35歳
ビジネススキルを磨く読書
自分の仕事に関する本を中心に、異業種の本も併せて読んでおく
時間管理入門
ビジネスマンのための英語力養成講座
❷ 35歳～45歳
マネジメントスキルを磨く読書
自分の仕事に関する本よりも経営者としての視点から書かれた本に重点を置く
経営理念を売りなさい
千金方
世代別の適正読書
❸ 45歳～
ヒューマンスキルを磨く読書
人徳が高まるような本を読む
徳川家康

世代（役職・ポスト）の特性に合った本を読むように心掛ける

推薦本

中島孝志がお薦めする名著・良書

ビジネス力アップに役立つ本

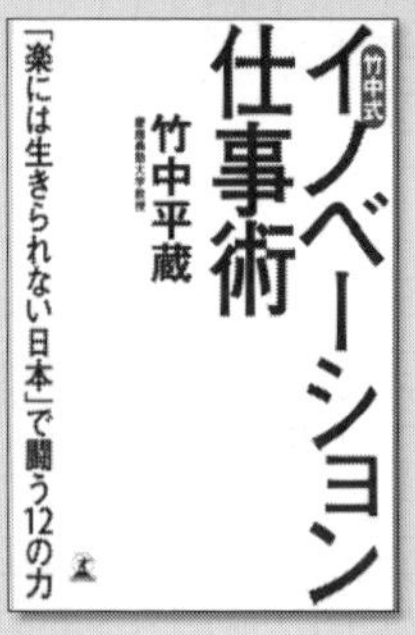

『竹中式　イノベーション仕事術』

竹中平蔵／幻冬舎

熱心力〜熱い心で思い込め、判断力〜常に目的関数を見抜け、情報力〜馬鹿は相手にしなくていい……など、生涯挑戦し続けるための、12の革新的ヒントを示す。私も28歳のときに100年計画をつくったことを思い出す。

『思考力の磨き方』

日下公人／PHP研究所

著者いわく、「ツイッターみたいな文章」。基本的に日下先生の本は俳句のようなところがあり、どう感じるか、ひらめくか、展開するかは、読み手次第なつくりになっている。ビジネスのみならず、人生の幅を広げてくれる１冊。

『新・国富論 グローバル経済の教科書』

浜矩子／文藝春秋

著者は女性エコノミストのなかで、私が一番好きな人。本書では、アダム・スミスの『国富論』を参照し、グローバル資本主義時代におけるヒト・モノ・カネの関係を考える。タイムリーな話題で勉強になる。

壁にぶつかったときに読む本

『なぜこんなに生きにくいのか』

南直哉／新潮社

著者は曹洞宗の寺の住職。彼は出家して人生の問題がすべて解消されたわけではないという。だからこそ、「生き難い」という人を見ると本能的に共感してしまう。そんな住職が究極の〝処世術〟を語る。

『死の壁』

養老孟司／新潮社

人間の致死率はいうまでもなく100%。あなたも私も死ぬ。必ず死ぬ。いつか死ぬ。つまり、人生の最終解答は「死ぬこと」だといえる。本書では、死に関する多様なテーマを通じて現代を生き抜くための知恵が論じられている。

『田舎暮らしに殺されない法』

丸山健二／朝日新聞出版

「第2の人生」を「夢の田舎暮らし」に託す人々が増えている。しかし田舎には、厳しい自然環境、閉鎖的な人間関係がある。その強烈な孤独に耐えられるかどうか。田舎暮らし願望のある人に向けてその危険を説く。

〝気づき〟を与えてくれる本

『日本人が知らない世界と日本の見方』

中西輝政／PHP研究所

ワイドショーの情報がすべて、日本の新聞やテレビの情報がすべて、と思っていたら大間違いを起こす。いまや「国家が国民を騙《だま》す時代」。だから、我々は情報武装し、正確な判断を自分の頭で考えて下す必要がある。

『長沼さん、エイリアンって地球にもいるんですか?』

長沼毅／NTT出版

極地や深海を渡り歩いているところから「科学界のインディ・ジョーンズ」の異名をとる生物学者が、タレントや科学者たちと最新の生命論を語り合う。とんでもない環境で生き抜いている生物の世界が実に魅力的に思えてくる。

『イスラム飲酒紀行』

高野秀行／扶桑社

イスラム圏における飲酒事情を描いた爆笑ルポルタージュ。イスラム圏では酒が禁止されているが、実はたくさんの地酒が存在する。「飲酒」の実態を通じて、イスラム圏に暮らす人々の本音が見えてくる。

Chapter 5

ゆっくりじっくり本を読む「スロー・リーディング」の勧め

平野啓一郎

忙しい現代人は、本を速く読みたがる。しかし、速読が必ずしも効果的とは限らない。10冊の本を闇雲に読むより、1冊をじっくり読んだほうが有益だという考え方もある。そんな、斬新な読書法を提案する。

Keiichiro Hirano

1975年愛知県生まれ。北九州出身。京都大学法学部卒業。1999年在学中に文芸誌「新潮」に投稿した『日蝕』により第120回芥川賞を受賞。著書は『葬送』『滴り落ちる時計たちの波紋』『決壊』『ドーン』『かたちだけの愛』『モノローグ』（エッセイ集）、『ディアローグ』（対談集）など。近著は、新書『私とは何か「個人」から「分人」へ』、長篇小説『空白を満たしなさい』。

Essence 01

スロー・リーディングとは何か？

10冊の本を速読で読むより1冊を丹念に読め

情報過多、スピード時代にあえてゆっくり読書する

現代のビジネスパーソンの読書には、速読が欠かせないという。なるほど、書店は速読本やフォトリーディングなどのガイド本で溢れかえっており、ビジネスパーソンがいかに短時間で効率よく本を読みたがっているかがよくわかる。本書でも速読のテクニックを紹介している。

しかし本章では、あえて「スロー・リーディング」を提唱する。

スロー・リーディングとは、1冊の本に可能な限り時間をかけ、ゆっくりと読むこと。アンチ速読の読書である。昔から「熟読」「精読」といった言葉があるが、スロー・リーディングはこれらを包括するものと考えればいい。

社会がスピードを速め、情報が氾濫する時代に、「なぜゆっくり読書するのか」と疑問を抱く人も多いだろう。そうした時代だからこそ、本くらいはゆっくり時間をかけて読むのである。

旅行の際、慌ただしく観光して回るのと、じっくりと旅先を探索したり、地元の人々と触れ合うのとでは、その土地の魅力や得られた知識、印象の深さなどに大きく差が出てくる。

それと同様、速読ではただ「読んだ」というだけで、本の本当の魅力は感じ取れない。スロー・リーディングでじっくり読み込んでこそ、その本のさまざまな仕掛け、興味深い一節、絶妙な表現などに気がつき、本を価値あるものにすることができるのである。

ゆっくり読んで人間性に深みを増す

たとえば小説を読むとしよう。作家が文章を書くときには、色々な工夫や仕掛けをし、伏線を張りながら小説を書くものだ。推理小

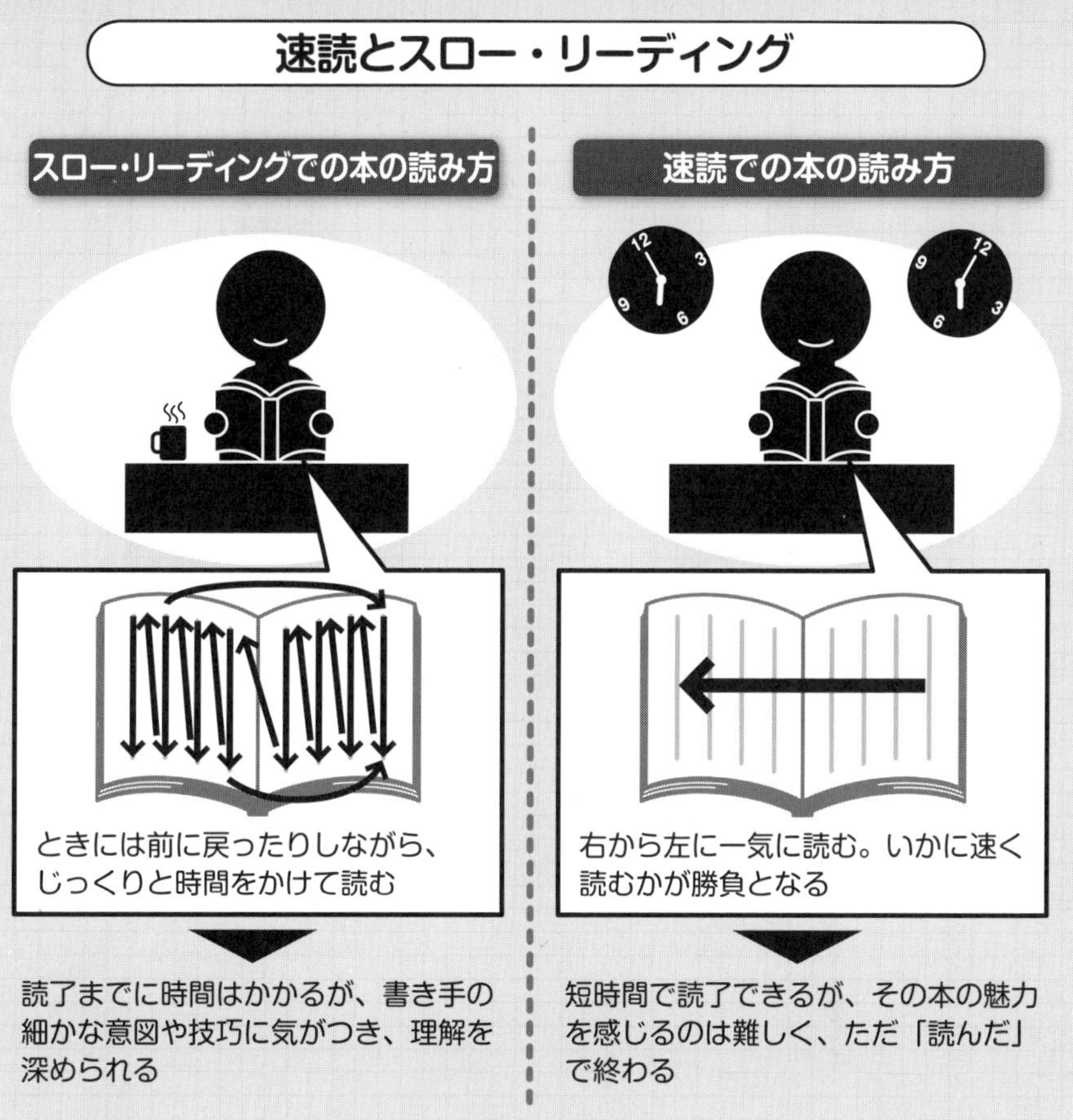
速読とスロー・リーディング
スロー・リーディングでの本の読み方
速読での本の読み方
ときには前に戻ったりしながら、じっくりと時間をかけて読む
右から左に一気に読む。いかに速く読むかが勝負となる
読了までに時間はかかるが、書き手の細かな意図や技巧に気がつき、理解を深められる
短時間で読了できるが、その本の魅力を感じるのは難しく、ただ「読んだ」で終わる

説はもちろん、ほかのジャンルの小説や論文、エッセイにも作者の伝えたいこと、登場人物の些細《ささい》な感情の動きなどが、ちょっとした場面に用意され、それが伏線となっていることが多い。

速読では、そうした書き手の工夫や仕掛けを読み取ることが難しく、見落とすことが多くなる。その点、スロー・リーディングでは書き手の細かな技巧や意図を見落とすことなく理解を深めることができる。

速読で大量に本を読んだとしても、表面的な知識で自分を飾り立てただけでは何の意味もない。そうではなく、スロー・リーディングで本の内容を自らの思考で咀嚼《そしゃく》し、人間性に深みを増すことのほうがずっと重要なのである。

Essence

02

なぜ、あえてゆっくり読むのか

スローな読書は日常生活でも仕事でも役に立つ

著者目線での読書がメリットを生む

スロー・リーディングで得られるメリットは大きく3つある。

ひとつ目は、自分自身と向き合えることだ。

仕事が忙しいと、心に余裕がなくなって「自分自身」を見失いがちになる。しかし、1日にほんのわずかな時間でもゆっくり本を読むことができれば、ゆとりができて自分自身を置き去りにすることはなくなるだろう。

多忙な社会人にとって、スロー・リーディングの時間は最も手軽で、最も安価な安らぎの時間。そしてスロー・リーダーであることは、自分を見失わないための拠《よ》り所になり得るのである。

ふたつ目のメリットは、相手のいわんとするところを正確に理解できるようになることである。

私たちには、もちろん、それぞれに主張がある。

しかしどんな主張をしようとも、相手が何をいっているのかを理解できなければ、話はどこまでいっても平行線のままだ。あるいは、感情的なケンカになるのがオチである。

スロー・リーディングで相手の主張を正確に理解するクセをつけておけば、たとえば、試験などでも、問題作成者が受験者にどのような解答を期待しているのか、何を求めているのかが明確になり、解答しやすくなる。

仕事でも大いに役に立つ

そして3つ目のメリットは、仕事が捗るようになることだ。

ビジネスにおいては、本や資料を大量に読まなければならなくなるケースが多々ある。そこで速読をするにしても、スロー・リーディングで読書のコツを身につけて

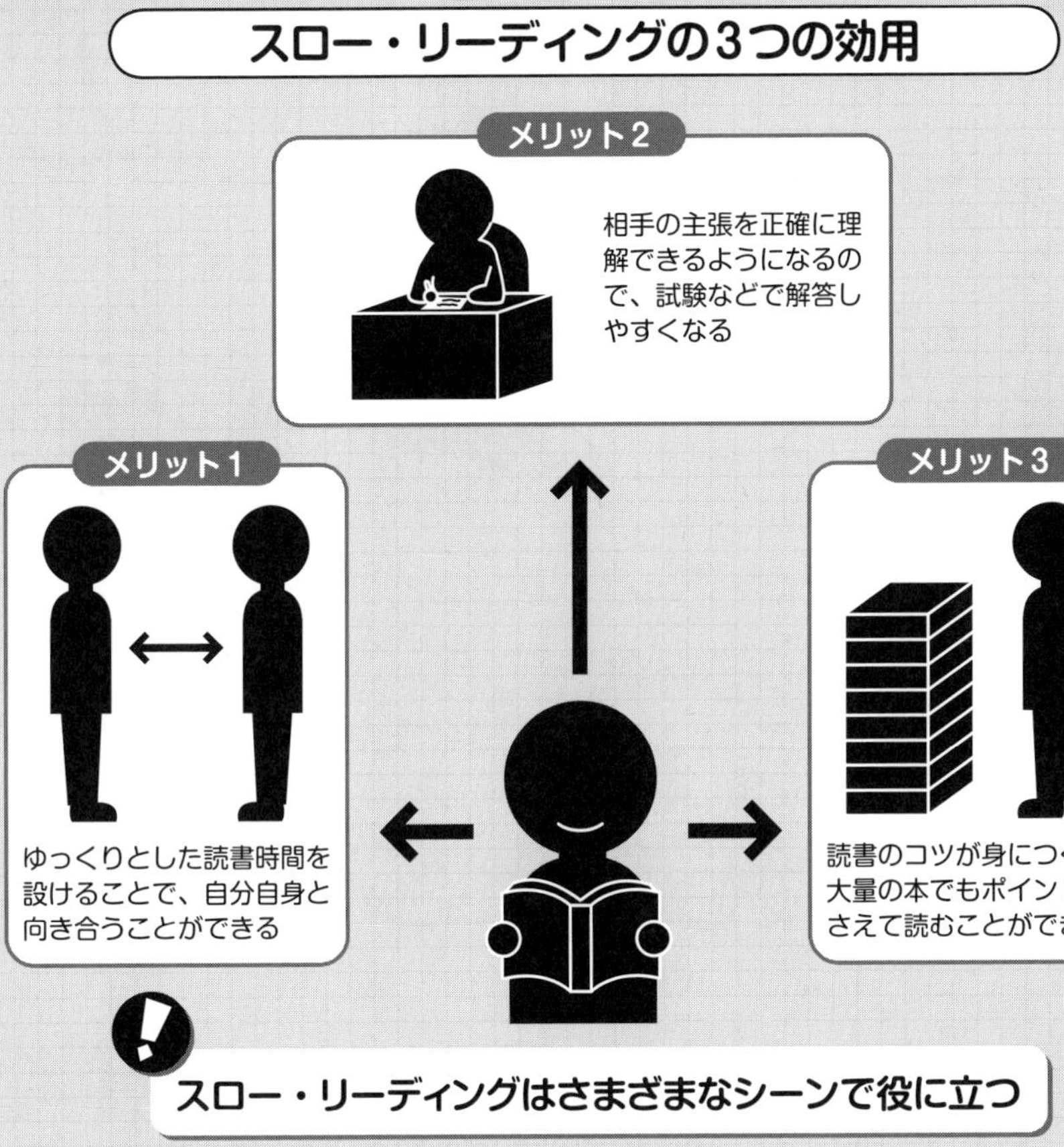
スロー・リーディングの3つの効用
メリット2
相手の主張を正確に理解できるようになるので、試験などで解答しやすくなる
メリット1
ゆっくりとした読書時間を設けることで、自分自身と向き合うことができる
メリット3
読書のコツが身につくので、大量の本でもポイントを押さえて読むことができる
スロー・リーディングはさまざまなシーンで役に立つ

おけば、どこに注意しながら読めばよいかがわかるから、誤読を防ぐことができる。

さらに、スロー・リーディングで著者の視点での読書経験をすることにより、自分が話す場面で効果的な言葉を選べるようになる。

メールの文章、他部署との折衝、会議でのプレゼンテーション、顧客からのクレームへの対応……。そのシチュエーションではどういう言葉が適切か、どういう言葉を使えば自分がいいたいことを相手に正しく伝えられるか、言葉の選択が重要になる場面はいくつもある。スロー・リーディングを習慣づけることで、そうしたときに効果的な言葉の選択が可能になるのである。

Essence

03

慌ただしい朝に新聞をゆっくり読むメリット

速読になりがちな新聞もスロー・リーディングで！

新聞に騙されるな！

スロー・リーディングは、本だけでなく新聞を読む際にも応用できる。

出勤前の慌ただしい朝、じっくり時間をかけて新聞を読むという人は少ないに違いない。そもそも新聞は朝の限られた時間で読むようなものなのだから、速読が当たり前のように思える。

しかし、新聞の速読はときに危険をともなう。周知のとおり、新聞各社の主義主張はそれぞれ異なる。朝日新聞が報じていて、産経新聞が報じていないニュースもあれば、逆もまた然り。さらに社会の公器として不偏不党・公平中立を謳《うた》っていても、建前にすぎない。

したがって、同じ新聞を1紙だけ毎日読み続けていると、知らず知らずのうちに情報に偏りが生まれる可能性がある。慎重に読まないと、新聞にうっかり誘導されてしまうかもしれない。気軽に記事をツイッターで引用してみたら、ツッコミが入りまくった、というような経験がある人もいるだろう。

この危険を回避するためには、スロー・リーディングを実践するのが望ましい。1面からすべての記事に目を通す必要はないが、これは、というニュースがあったらじっくり時間をかけて読むようにするのだ。

数紙を購読して各紙の紙面を比べる

複数の新聞を読むと、重要なニュースがどこに、どれくらいの紙面を割いて掲載されているかを比較することができる。それによって、各紙の立場の違いが視覚的にも鮮明になる。複数の新聞を購入するのが難しければ、ネットを利用してさまざまな新聞の記事を読み比べればいい。

新聞の正しい読み方

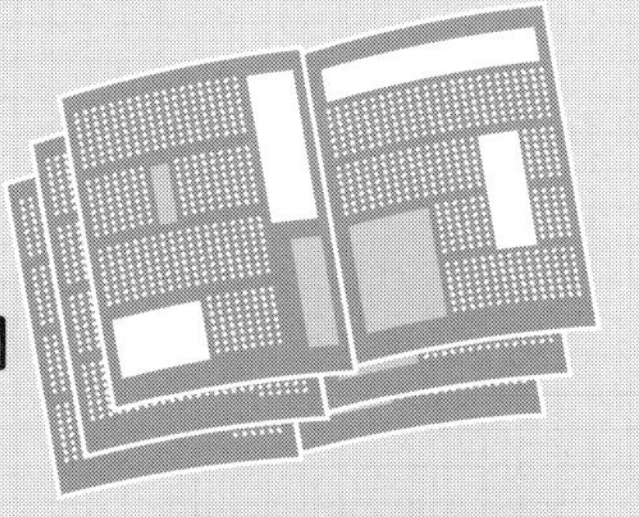

新聞

不偏不党・公平中立 ⇒ 建前にすぎない！

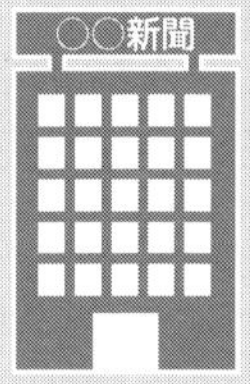

実際は……

- 新聞各社で主義主張が異なる
- どのニュースを報じて、どのニュースを報じないかは新聞社の判断によりけり

1紙だけを、速読で読んでいたのでは、新聞の思想に誘導されかねない（×）

そこで……

スロー・リーディングで数紙をじっくり読む

- 1面からすべての記事に目を通す必要はない
- 「これは！」というニュースを見つけたら時間をかけて読む

新聞社の思想に左右されず、ニュースの本質を捉えることができる（○）

Essence
04

「が」や「は」の違いが文章を大きく変える

助詞・助動詞に注意しながら読み進める

助詞・助動詞によるニュアンスの違い

Case 1

相手「私はサッカーが好きです」

あなた「今度の週末、試合を観に行きましょう！」

相手は「サッカーが好きです」とはっきり断定している。あなたが試合に誘えば、その相手は喜ぶ可能性が高い

速読にありがちな助詞・助動詞の軽視

ここからは、スロー・リーディングの具体的なノウハウについて紹介していく。

スロー・リーディングする際、注意したいのが助詞と助動詞だ。

速読する場合、名詞や動詞をざっと拾って読み進める人が多いが、それだけに注目していると、どうしても助詞・助動詞を軽視しがちになる。これは大きな問題だ。

日本語は助詞・助動詞の使い方次第でまったく違った意味になる。たとえば、「私はサッカーが

Case 2

相手「私はサッカーが好き**ではある**」

あなた「今度の週末、試合を観に行きましょう！」

相手は「サッカーが好きではあります。(が、……)」と、それに続く何かをほのめかしている。誘わないほうが無難だ

STEP UP 文章の上手な人、下手な人

助詞・助動詞に配慮することは、読解力だけでなく、文章力の向上にもつながる。

助詞や助動詞の使い方ひとつで文章のリズムは大きく変わるし、説得力が何倍にもなる。

そして、そのノウハウを身につければ、自分が書く文章が相手に与える印象も大きく変わるはずだ。

好きです」と「私はサッカーが好きではあります」では、ニュアンスに差が出てくる。

「は」1字のあるなしでまったく違った意味に！

「は」の1文字がない場合、相手をサッカー観戦に誘えば喜ばれるだろうが、「は」がある場合、サッカー観戦に誘って喜ばれるかどうかは甚《はなは》だ疑問である。

このように文章の意味は助詞・助動詞の有無で変わるため、速読では、その見落としが大きな間違いにつながる恐れがある。一方、スロー・リーディングでは助詞・助動詞にも注意を払うから、こうした間違いは起こらない。助詞・助動詞に気を遣うかどうかで読書の質は大きく変わるのだ。

Essence
05

知らない単語をそのままにしない！
辞書癖をつけて本の理解力を高める

意味が曖昧な単語はすぐ辞書でチェック

本をより深く理解するには、語《ご》彙力《いりょく》がカギになる。ボキャブラリーが豊富であればあるほど、知識は深まる。では、語彙力を高めるにはどうすればよいかというと、「辞書癖」をつけるに限る。

難解な評論や専門性の高い本を読んでいると、意味が曖昧だったり知らない単語が出てくる。それでも漢字のつくりや前後の文脈から類推して読み進めていくことはできるが、あとでとんでもなく間違った理解をしていたと気づくことがある。また、未知の単語をそのまま見過ごしてしまっていることも少なくない。

そこで必要なのが辞書癖だ。本を読んでいて、知らない単語が出てきたら、面倒だと思わずに立ち止まって辞書を引く。読書中に限らず、知人との会話で出てきた単語でも、テレビで使われていた単語でも何でもよい。知らない言葉があれば、面倒くさがらずに辞書を引き、意味を明確にするのである。

外出先でも辞書を引く癖を！

近年はネット辞書や電子辞書、スマートフォンが出回っているので、出先でも簡単に辞書を引くことができる。それらをもっていなければ、出先でその言葉を覚えておいて、自宅に帰ったあとで確認すればよい。

そうして辞書癖をつけておくと、自然とボキャブラリーが豊富になり、スロー・リーディングで読んだ本の理解が深まる。

恥ずかしがることはない。作家でも、電子辞書を常に携帯している人がいる。

言葉に敏感な人ほど、知ったかぶりをせず、辞書と緊密に付き合うものなのである。

誤用の多い言葉の例

すべからく	誤った用い方	**すべからく**のご来場をお待ちしておりますー「みんな、すべての人」という意味はない
	正しい用い方	学生は**すべからく**勉学に励むべきだ―「べし」をともない、ある事を必ずしなければならないという気持ちをあらわす
骨太	誤った用い方	**骨太**の方針―「骨子となる基本的方針」という意味で用いているのだろうが、骨太という言葉にそうした意味はない
	正しい用い方	**骨太**な男―骨太の本来の意味は、「骨が太く、骨格が丈夫」ということ

日本語は日本人にとっては母国語だから、よく意味がわからなくてもある程度類推できる。だが、わかったつもりで微妙に間違っている場合も多い

辞書を引く習慣を身につけて知識を深める

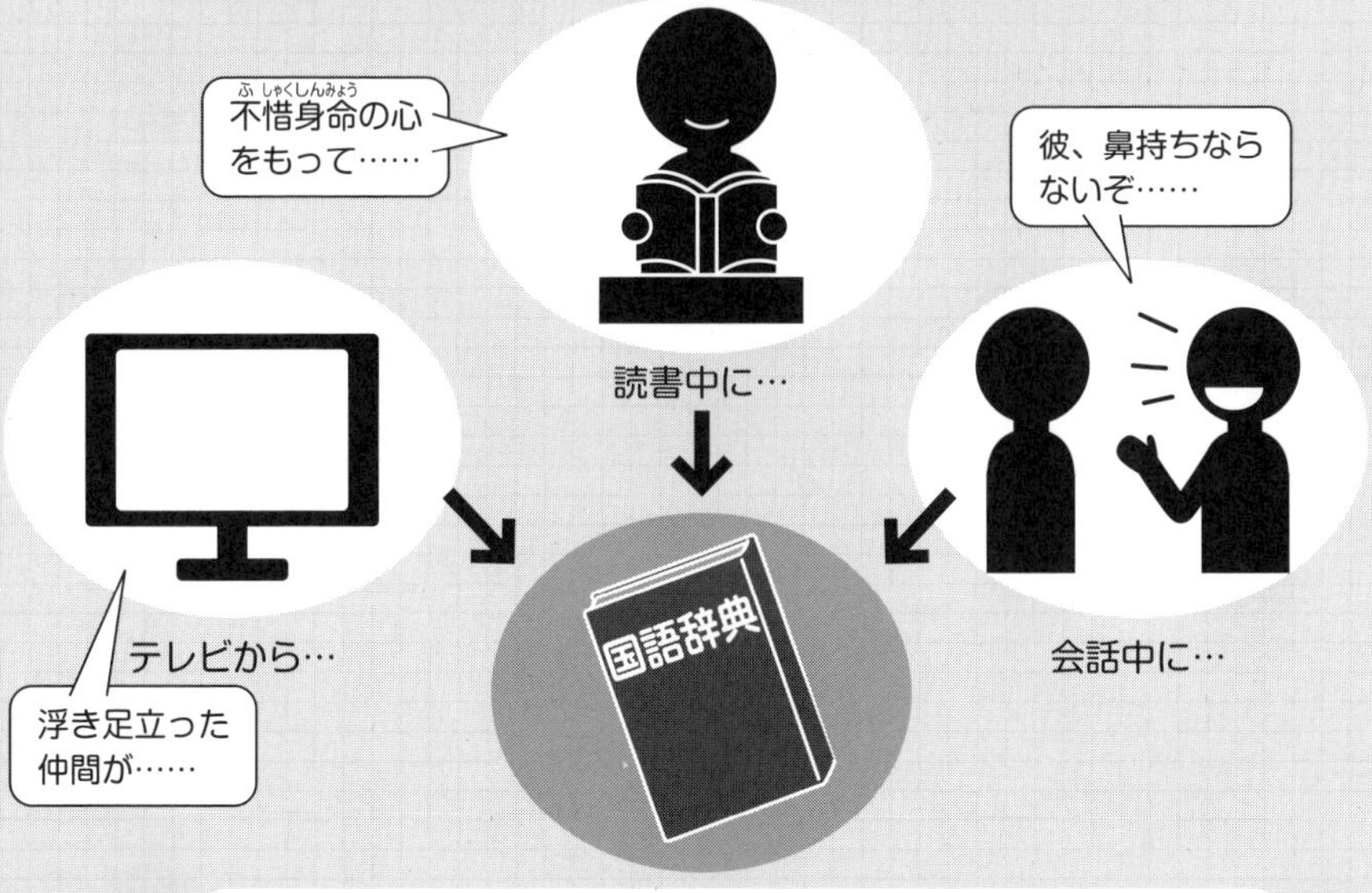
不《ふ》惜身命《しゃくしんみょう》の心をもって……
読書中に…
彼、鼻持ちならないぞ……
会話中に…
テレビから…
浮き足立った仲間が……
国語辞典

ふと耳目に触れた言葉でも、その意味を知らなければ面倒くさがらずに辞書を引くようにする

Essence

06

忘れた内容は前に戻って確認する習慣をつける

ページを何度も戻ることを恐れずに！

脳の処理能力は意外と低い

外国の長編小説を読んでいて、登場人物の名前や特徴を忘れてしまい、「あれ、これは誰だったっけ」となった経験のある人は少なくないだろう。あるいは分厚いビジネス書に挑戦したものの、最初のほうに出てきた内容がさっぱり理解できておらず、途中で読む気が失せてしまったなどという人もいるかもしれない。そうした状況に陥ったときには、迷わず前のページに戻って確認すればいい。

何度も何度もページを戻っていると、情けない気分になるが、恥じる必要は何もない。人間の脳の構造からすると、1回読んだだけですべて覚えている人のほうが珍しいといえるからだ。

「前に戻って再確認」こそ賢い読み方

実は近年の研究により、短期的な情報処理を行なう人間の脳の領域（ワーキングメモリ）が、想像以上に小さく、少しずつしか情報処理できないことがわかってきた。つまり、人間の脳の処理能力を考えたとき、大量の情報を一気に処理することはどだい無理な話だというのである。

したがって、本から大量の情報をインプットしようとするならば、スロー・リーディングで小分けにして、その都度、長期記憶との間を往復しながら情報を処理していかないと、理解が進まないことになる。そう考えれば、気楽にページを戻ることができるだろう。

あたかもわかったような顔をして読み進め、内容をしっかり理解しないまま読み終えたというのでは、いくら読書をしたとしても意味がない。曖昧に先へ進むと、その分ダメージが大きくなる。迷ったりわからないことがあれば、前

わからなくなったら戻って確認

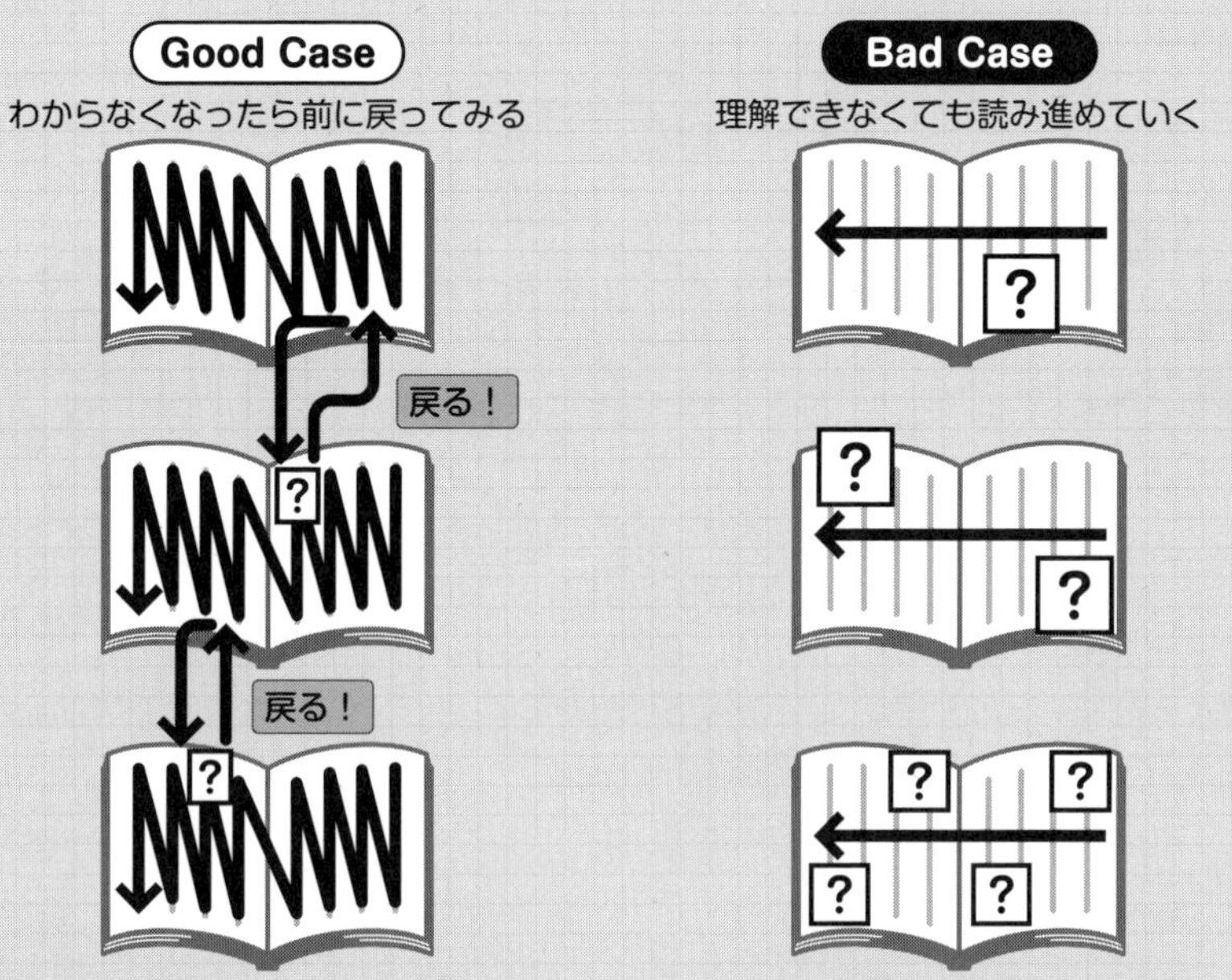

Good Case
わからなくなったら前に戻ってみる
戻る！
戻る！
?
?
Bad Case
理解できなくても読み進めていく
?
?
?
?
?
?
?

わからない部分はその都度解消されるので、理解が進む

わからない部分がどんどん増えていき、内容の理解は半減

スロー・リーディングでは何度でも前に戻ってOK

のページに戻って確認し、改めて読み進めていく。この読み方こそが正しい読み方だといえる。

平野啓一郎のつぶやき 速読での間違いとスロー・リーディングでの間違い

速読での理解度は70%、ゆっくり読んだときの理解度もほぼ同じという説がある。これが事実だとしても、速読による理解度70%とスロー・リーディングによる理解度70%とでは意味が違う。速読では肯定か否定かという最も重要な部分の理解に失敗する危険性があるが、スロー・リーディングではゆっくり確実に読むから、曖昧な30%の部分に決定的な間違いが入っている可能性は少ないのである。

Essence 07

「先へ、先へ」ではなく「奥へ、奥へ」進む

深く読み込むことで1冊で10冊分の読書効果が！

作品の“背後”にある言葉を読む

社会
哲学
政治
経済
文学
歴史
美術
宗教
Book

1冊の本は10冊、20冊分の本の上に成り立っている！
それまでに著者が読んできた文学、哲学、宗教、歴史などの膨大な言葉の積み重ねが1冊の本になっている

1冊の本の背後に広がる膨大な言葉の世界

スロー・リーディングでは「先へ、先へ」と読むより、「奥へ、奥へ」と意識して読むことが重要だ。

そもそも1冊の本の背後には、広大な言葉の世界が広がっている。それまでの文学や哲学、宗教、歴史といった膨大な言葉の積み重ねが、その本を支えている。

したがって「先へ、先へ」と早足で読み進めてしまうと、著者が何をいおうとしているのか、その主張はどんなところから来ているのかといった部分まではとうてい

平野啓一郎のつぶやき

読書の原点は三島由紀夫

私が読書にのめり込んだきっかけは、14歳のときに読んだ三島由紀夫の『金閣寺』だった。しばらく三島を読みあさり、その後は彼が小説やエッセイで言及していた作家が気になりはじめる。彼がトーマス・マンを好きだというとマンを読み、マンの本にゲーテの話が出てくると、次はゲーテの本を読むというように、延々と連鎖が続いた。そして三島が影響を受けたさまざまな作家の本を読んだあと、再び彼の本を読んでみると、最初に読んだときよりも内容がわかるようになっていた。

×

先へ、先へと読み進める

本を次から次へと早足で読み進めてしまうと、その本の〝背後〟に存在している膨大な言葉に気づきにくくなる

○

奥へ、奥へと読み進める

言葉の森に分け入っていくイメージで読み進めると、1冊の本から10冊、20冊分の本を読んだのと同じ手応えが得られる

理解できない。それを探るには「奥へ、奥へ」という読み方が必要になる。たとえるなら、言葉の森に分け入っていくイメージだ。

1冊読むのと10冊読むのが同じ理由

小説ならひとりの著者の作品が生まれるには、10冊分、20冊分の本の存在が欠かせない。歴史、哲学、文学、政治、経済など、その著者は多くの本を血肉として1冊に結晶させている。

つまり裏を返せば、スロー・リーディングで1冊の本をじっくり時間をかけて読み込むことで、10冊、20冊分の本を読んだのと同じ手応えを感じることができるのだ。その意味でも、スロー・リーディングは効果的なのである。

Essence

08

一時期ブームになった読書法との相性を探る

スロー・リーディングに音読や書き写しは不向き！

音読はただの健康法

数年前、音読がブームになったことがある。本を声に出して読むと、脳の前頭前野が活性化されて思考力や意欲に好影響を及ぼすという理由からだ。

高齢者や子供に音読を勧める向きもある。

確かに、健康法としてはいいのかもしれない。だが、本の内容を十分理解して味わい尽くそうという人に、音読はお勧めできない。

音読の場合、どうしてもうまく読むことに意識が集中し、内容への注意力が散漫になってしまう。このことは、自分で試してみるとよくわかるだろう。手近にある本を5ページ程度、音読したときと黙読したときで比べてみてほしい。どちらがより理解できるかは自明である。

そもそも音読では、スラスラ読めたことに満足してしまい、同じ場所を繰り返し読んだり、考える時間をとったり、疑問に思ったときに前のページに戻って確認するという、スロー・リーディングの基本的なテクニックが使えない。これは大きなマイナスだ。

さらに、音読は本を選ぶという難点もある。

音読できるのは、誰に聞かれても恥ずかしくないような、極めてまともな内容の本に限られる。しかし、たとえば近代小説などを見ればよくわかるが、声に出して読むのははばかられるような内容の作品が多い。

スロー・リーディングにふさわしいのは音読ではなく、黙読なのである。

書き写しは「写経」と同じ

もうひとつ、書き写すことで理解が深まったり、文章がうまくな

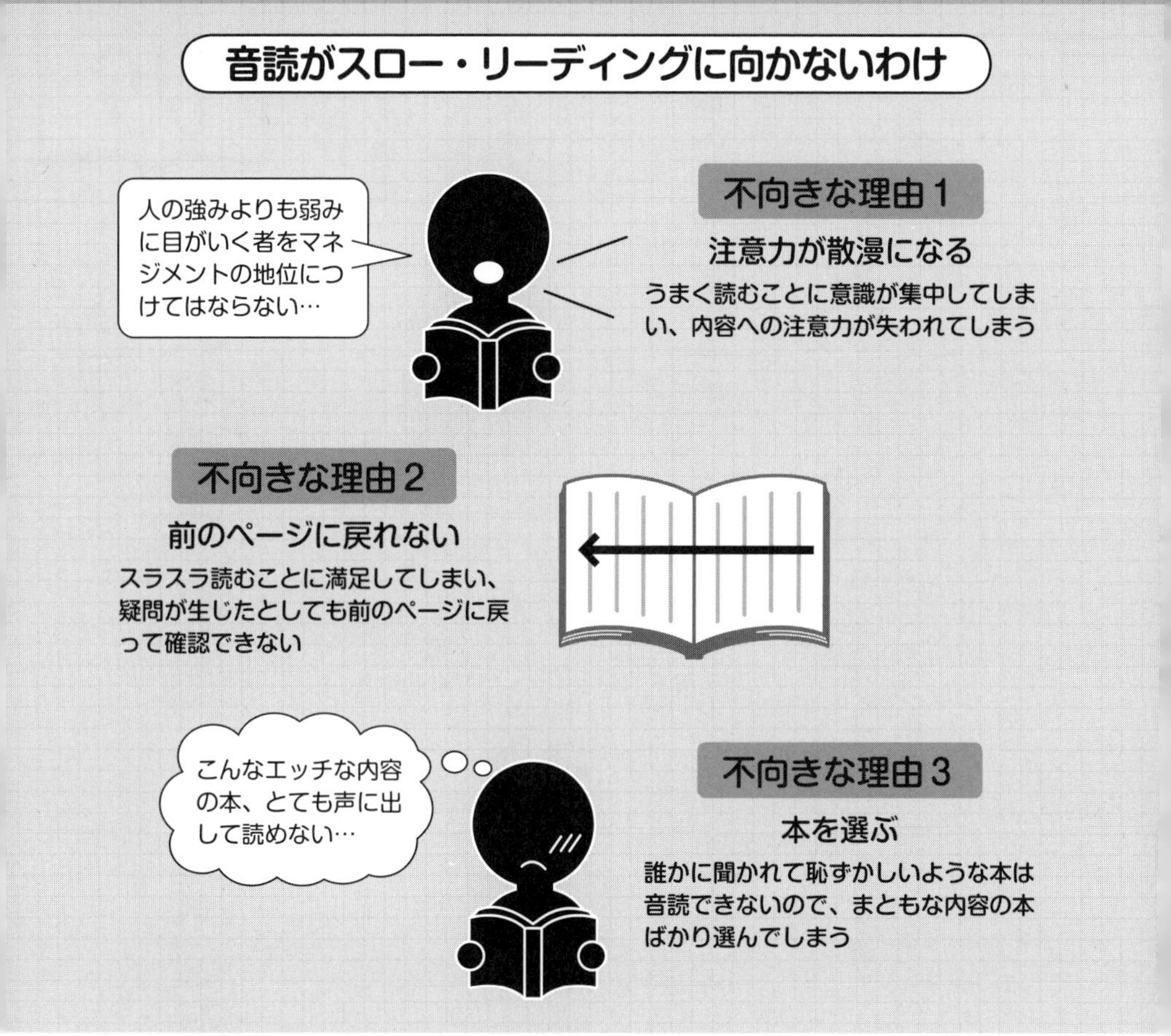
音読がスロー・リーディングに向かないわけ
人の強みよりも弱みに目がいく者をマネジメントの地位につけてはならない…
不向きな理由1
注意力が散漫になる
うまく読むことに意識が集中してしまい、内容への注意力が失われてしまう
不向きな理由2
前のページに戻れない
スラスラ読むことに満足してしまい、疑問が生じたとしても前のページに戻って確認できない
こんなエッチな内容の本、とても声に出して読めない…
不向きな理由3
本を選ぶ
誰かに聞かれて恥ずかしいような本は音読できないので、まともな内容の本ばかり選んでしまう

るといわれることもあるが、これもお勧めしない。

書き写しには、音読と同じような側面がある。どうしても書き写すという作業に集中しがちになってしまい、内容や文章については少しも理解が深まらないのだ。

書き写しが役に立つとしたら、それぞれの作家の独特な漢字の使い方や、仮名の送り方などに気づくといった表記面くらいではないだろうか。

実際に書き写してみるとわかるが、手本の確認が多くなることで、文章がブツ切りになり、リズムもつかめない。

本の内容を理解し、その文章の魅力を味わいたいと思うのであれば、黙読をしたほうがはるかに効果的である。

Essence 09

著者の意図どおりに読む必要はない

自由な「誤読」を楽しみ、読書をより豊かなものに

著者の意図と読者の自由

著者というものは、必ず何らかの意図をもって本を書く。読者はその意図を読み解いていくわけだが、このとき「誤読」することを気にしすぎてはいけない。

著者の立場からすると小説、エッセイ、実用書、論文などのジャンルを問わず、「こう読んでもらいたい」という意図が必ず存在する。そもそも、それがなければ文章は書けない。

とはいえ、著者は読み手の自由をある程度認めている。言葉というものの性質上、出来上がったものがどう読まれるかは予測不能だからである。

したがって、読書には誤読がつきものとなる。読者が自分なりに解釈・消化し、理解することは誰にも止められない。夏目漱石の『吾輩は猫である』を10人が読めば10通りの読み方があるだろう。

そうしたなか、著者の意図が正しい読み方であるとし、ほかをすべて間違っていると断言することは、不当に作品の可能性を狭めてしまうことになりかねない。

そこでスロー・リーディングでは、「誤読力」を積極的に評価するようにしたい。

豊かな誤読を心掛ける

ただし、誤読には2種類ある。ひとつは、単に言葉の意味を勘違いしていたり、論理を把握できていない「貧しい誤読」。もうひとつは、熟考に熟考を重ね、著者の意図以上に興味深い内容を探り当てる「豊かな誤読」だ。スロー・リーディングがめざすのは、当然ながら後者である。

読書に直接関係ないが、面白いエピソードがある。

スペイン人やポルトガル人に長

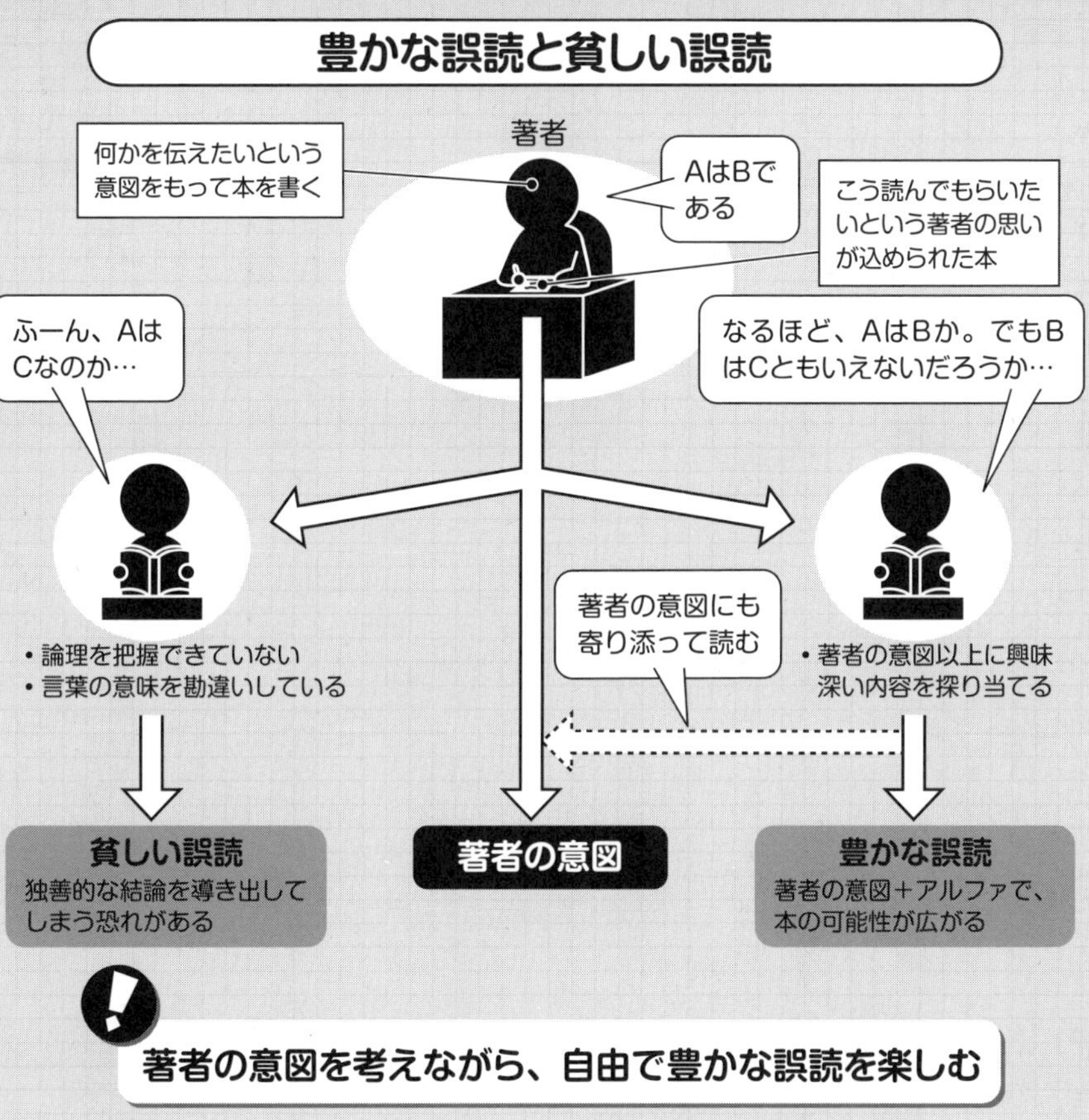
豊かな誤読と貧しい誤読
著者
何かを伝えたいという意図をもって本を書く
AはBである
こう読んでもらいたいという著者の思いが込められた本
ふーん、AはCなのか…
なるほど、AはBか。でもBはCともいえないだろうか…
・論理を把握できていない
・言葉の意味を勘違いしている
著者の意図にも寄り添って読む
・著者の意図以上に興味深い内容を探り当てる
貧しい誤読
独善的な結論を導き出してしまう恐れがある
著者の意図
豊かな誤読
著者の意図＋アルファで、本の可能性が広がる
著者の意図を考えながら、自由で豊かな誤読を楽しむ

崎のカステラを見せると、たいへん感動するという。どういうことか。

そもそもカステラの起源はスペインやポルトガルにある。それを江戸時代の日本人が見様見真似でつくってみたところ、本場とはまったく別のお菓子が出来上がったわけだが、スペイン人やポルトガル人は日本人の豊かな誤読力を評価し、感嘆の声を上げているのである。

このように文化は伝播《でんぱ》過程の誤読力によって豊かになる。それは本に関しても同じで、誤読力は本の可能性を広げてくれるのだ。

著者の意図を考えつつ、一方では自由で豊かな誤読を楽しむ——。これがスロー・リーディングの極意といえるだろう。

Essence **10**

スロー・リーディングで有効な技術

人に説明することを前提に読み、ツイッターに感想を

外国人に外国語で本の説明をする

よく知られた読書術のひとつに、人に話すことを想定して本を読むという方法があるが、これはスロー・リーディングでも極めて有効なテクニックである。

読後、人に内容を伝えなければならないとなれば、わからない部分は読み返すようになるので、理解する能力も高まっていく。つまり、自然とスロー・リーディングが実践できるのだ。友人や恋人、家族、上司や部下など相手を決めて、本の内容を説明するシミュレーションをしながら読むだけで、どこの理解が曖昧かが明確になる。

読了後、実際に話してみて伝えきれない部分があれば、それは理解が不十分な証拠。その部分は改めて集中的にスロー・リーディングしてみるといい。

もう一歩進んで、本の内容を外国人に外国語で説明する場面を想定するという方法もある。

日本語では少々曖昧な表現でも意思疎通が可能だが、英語やフランス語では曖昧な部分を明確に表現しないと相手に理解してもらえない。自分自身のしっかりした理解がなければ、明確な表現など不可能。だから、わからない部分はしっかり読み返すようになり、理解する能力も向上するのだ。

実際、知的に洗練された外国人に、食事の席で最近読んだ本について感想を添えて簡潔に説明できれば好印象を与えられる。

ツイッターに感想を書いてみる

感想をブログやツイッターなどに書くのもいい方法だ。自分では理解できているつもりでも、いざ書こうとすると、必ずどこかで筆が淀《よど》む場所がある。そこをもう一度確認し、埋めていけば内容の全

本の理解度を確認する方法

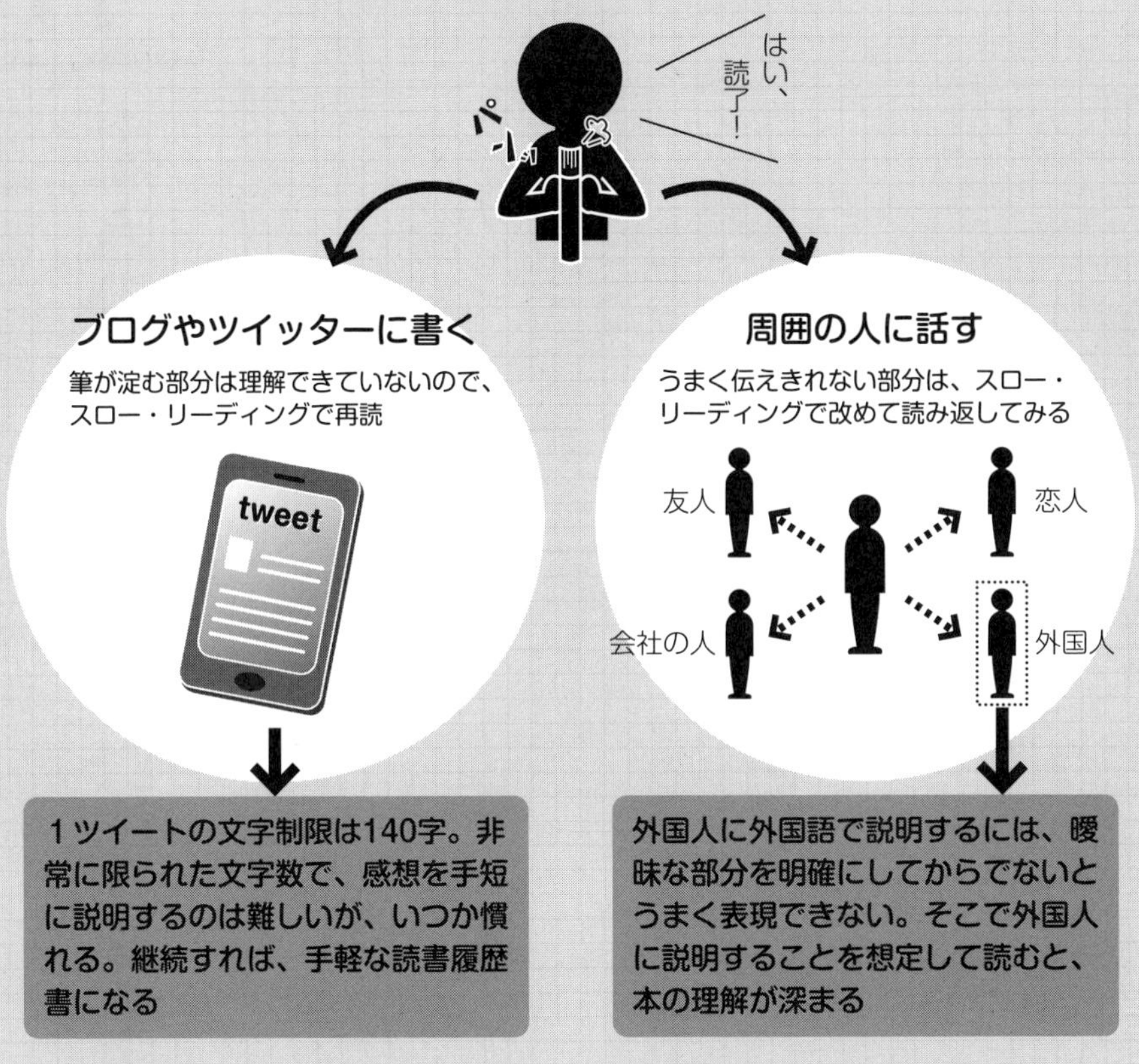
はい、読了！
パン
ブログやツイッターに書く
筆が淀む部分は理解できていないので、スロー・リーディングで再読
tweet
1ツイートの文字制限は140字。非常に限られた文字数で、感想を手短に説明するのは難しいが、いつか慣れる。継続すれば、手軽な読書履歴書になる
周囲の人に話す
うまく伝えきれない部分は、スロー・リーディングで改めて読み返してみる
友人
恋人
会社の人
外国人
外国人に外国語で説明するには、曖昧な部分を明確にしてからでないとうまく表現できない。そこで外国人に説明することを想定して読むと、本の理解が深まる

体像をしっかり把握できる。

感想を書く際にお勧めなのがツイッターである。

ツイッターを使う場合、１４０字という文字数のなかで感想を自分の言葉にして表現しなければならない。自分が理解したことを短い文章で的確に表現するのは難しくもあるが、慣れれば手軽にできる。読書記録として残すこともできるので試してみるといいだろう。

STEP UP　ツイッター情報の真偽の見分け方

ツイッターで発信される情報の真偽は、文体からある程度判断することができる。変に扇動的だったり、肝心な部分が曖昧な文章は要注意だ。「てにをは」が怪しいものも警戒すべし。情報をすべて信じるのではなく、まずはじっくり読み、調べ、考える。書いている側の立場に立って読み返すと、邪《よこしま》な意図が見えてくる。

Essence 11

読書をより楽しいものにするために……

主人公を自分に置き換えて読み進めてみよう

主体的な読書を心掛ける

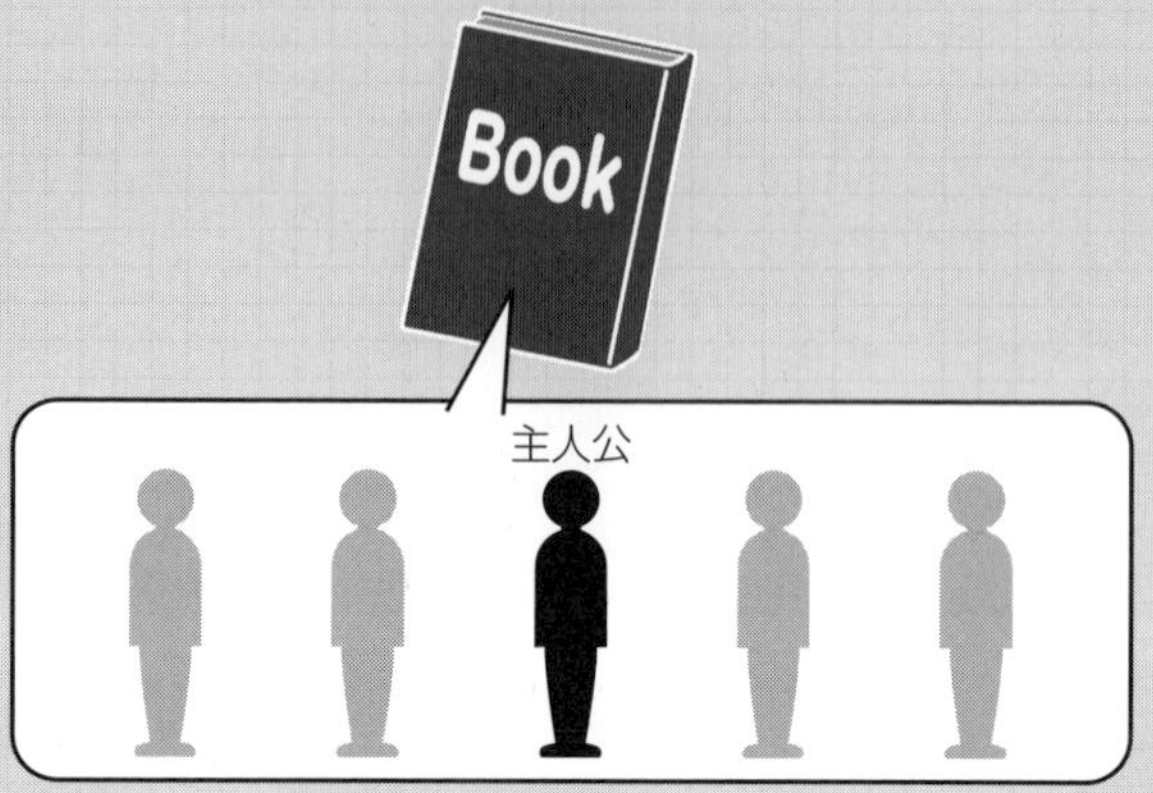

本のなかの主人公を我が身に置き換え、その物語設定のなかで自分なりのストーリー展開を考えながら、主体的に読み進めていく（脇役でも構わない）

！ 主体的に読むことで読書が楽しく、なおかつ記憶に残るものになる

主体的に読むことで読書の楽しさは倍増する

今の世の中には膨大な数の本が溢れかえっているが、人が一生の間に読むことのできる本は、そのなかの極々一部にすぎない。だからこそ、スロー・リーディングではできるだけ楽しい読書にしたい。

読書の楽しみは、自分を登場人物に置き換えて考えることに尽きる。「自分が主人公と同じ立場に置かれたらどうするか」「自分ならどう対処するだろう」。そのように考えながら読み進めていくことが、読書の醍《だい》醐《ご》味《み》といえる。

●小説なら……

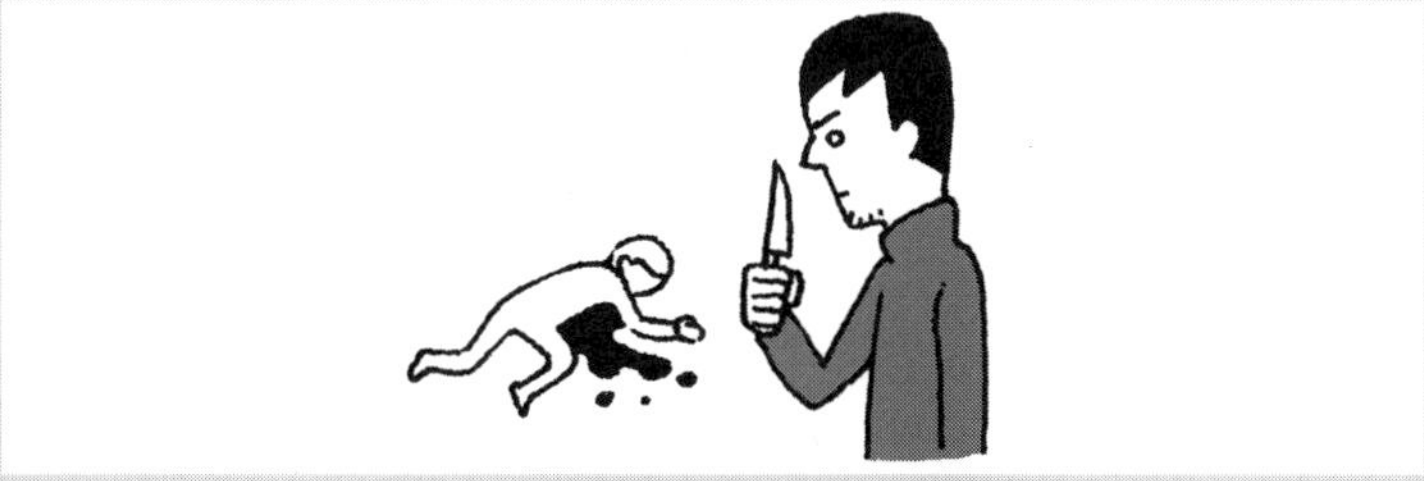

- 殺人を犯した主人公。自分ならその後どのような行動をとるか
- 三角関係に悩む主人公。自分ならどのように苦難を乗り越えるか
- 親友の裏切りにあった主人公。自分ならその親友を許すかどうか

●実用書なら……

- 経営危機に陥った会社の社長の自伝。自分ならどう対処して立て直すか
- 新入社員の教育を任された若手社員の体験談。自分ならどう教育するか

主体的な読書は人生勉強にもなる

小説の場合、もし主人公が人を殺してしまったら、自分ならそこでどういう行動をとるか、どういう感情を抱くのか。主人公が失恋をして落ち込んでいるとき、自分ならどうやって乗り越えていくか――こうして自分なりにストーリーを考えながら読んでいく。

実用書の場合、自分が会社の社長で経営危機に陥ったら、どう対処して立て直すか――などと考えてみる。

このように主体的に参加する読書を実践することで、読書は一段と楽しくなる。さらに、人生のさまざまなシチュエーションに対応するためのトレーニングにもなる。

Essence

12

マーキングは読書術の王道！

スロー・リーディングでも本に書き込みながら読む

チェックすることで理解がより深まる

赤ペンや蛍光ペンで線を引きながら本を読む。これは3章でも紹介しているように、読書術の王道である。

気になる箇所に傍線や印をつけることにより、内容の理解が深まっていく。

この方法は、もちろんスロー・リーディングでも利用可能だ。

具体的にどうするのかというと、まず大切だと思う場所に傍線や波線を引く。カギ括弧でくくるのもいいだろう。

どこに印をつけるかは、感情の赴くままでいい。要は、印をつけるという行為が重要なのだ。

次に、傍線を引いたなかでキーワードとなりそうな言葉を丸や四角で囲んで強調する。

逆接の接続詞に注目する

ここまでは3章で説明しているとおりだ。スロー・リーディングでは、さらに接続詞に印をつけながら読んでいく。

特に注意すべきは「しかし」や「だが」「逆に」「一方」といった逆接の接続詞である。これらが使われる場合、まず「最終的に否定されるべき考え」があり、「しかし」と続き、次に「著者の意見」がくるのが基本となる。したがって、「しかし」という接続詞が出てきたときには、その後の文章に注目すれば、著者の主張がよく理解できるのだ。

そこで「しかし」が出てきたら、わかりやすいマークで囲んでおくようにする。これにより、一目でページ内の論理構造が確認できるわけだ。

さらに、「第一に／第二に」「そもそも／加えて」「まず／それに」などの並列的に事実を列挙してい

平野流マーキング

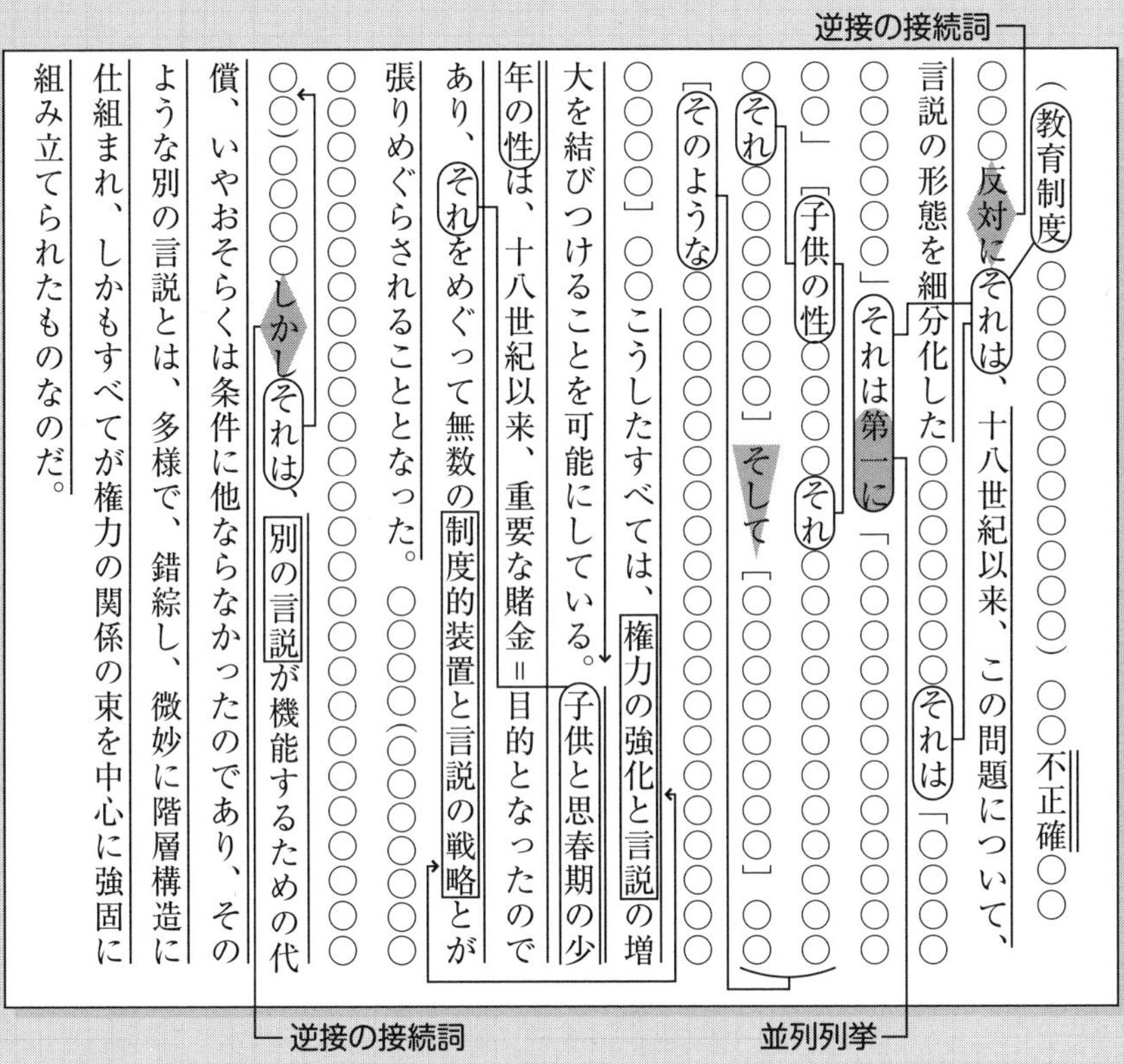

逆接の接続詞
（教育制度〇〇〇〇〇〇〇〇〇〇〇〇）〇〇不正確〇〇
〇〇〇反対にそれは、十八世紀以来、この問題について、
言説の形態を細分化した〇〇〇〇〇〇〇〇それは「〇〇〇〇
〇〇〇〇〇〇〇」それは第一に「〇〇〇〇〇〇〇〇〇〇〇〇
〇〇〇」「子供の性〇〇〇それ〇〇〇〇〇〇〇〇〇〇〇〇
〇それ〇〇〇〇〇〇〇〇〇」そして「〇〇〇〇〇〇〇〇」〇〇
「そのような〇〇〇〇〇〇〇〇〇〇〇〇〇〇〇〇〇〇〇〇〇
〇〇〇〇〇」〇〇こうしたすべては、権力の強化と言説の増
大を結びつけることを可能にしている。子供と思春期の少
年の性は、十八世紀以来、重要な賭金＝目的となったので
あり、それをめぐって無数の制度的装置と言説の戦略とが
張りめぐらされることとなった。〇〇〇〇（〇〇〇〇〇〇〇
〇〇〇〇〇〇〇〇〇〇〇〇〇〇〇〇〇〇〇〇〇〇〇〇〇〇〇
〇〇）〇〇〇〇しかしそれは、別の言説が機能するための代
償、いやおそらくは条件に他ならなかったのであり、その
ような別の言説とは、多様で、錯綜し、微妙に階層構造に
仕組まれ、しかもすべてが権力の関係の束を中心に強固に
組み立てられたものなのだ。
逆接の接続詞
並列列挙

ることを示す部分をチェックしておくと、論点を網羅できるうえ、内容を整理しやすくなる。

ある文章を読み、大事だと思って線を引いたり印をつけるということは、結果としてその部分を2度読むということである。

そのうえで全体をチャート化し、論理構造を視覚的に認識すると、再び本を開いたときにどこが重要で、どういう議論の運びになっていたかを、線や印を頼りに思い出すことができる。

作業に慣れると、チャート化は簡単になる。ソロバンの名人がソロバンなしでも珠《たま》の動きをイメージできるように、実際にペンで書き込まなくても、ページのチャート化ができるようになるのだ。

Essence 13

再読することで自分自身の成長に気がつく

本は何度も読み返すことに価値がある

本への印象は時を経て変わる

同じ1冊の本でも、自分がそのとき置かれている状況や意識のあり方によって、面白さは大きく違ってくる。

たとえば、若い頃に一度読んだ本を、何年も経ったあとで読み返してみて、あまりに印象が違うことに驚くことがある。学生時代は「なぜこんな本がベストセラーなのか!?」とまったく理解できなかったような本を、社会人になって改めて読んでみると、身に沁《し》みてよくわかったりする。

このように読書の印象は、決して一貫性のあるものではない。だからこそ、スロー・リーディングでは〝再読〟することをお勧めする。読み終わった本を適度な熟成期間を置いたあとで、もう一度読み返してみるのだ。

大江健三郎氏も『私という小説家の作り方』のなかで、「読書には時期がある。本とジャストミートするためには、時をまたなければならないことがしばしばある。しかしそれ以前の、若い時の記憶に引っかかりめいたものを刻むだけの、三振あるいはファウルを打つような読み方にもムダというものはないものだ」と書いている。

本を繰り返し読むことの意義は、ほぼこの言葉に要約されるといえるだろう。

本の熟成期間は自分自身の熟成期間

再読するタイミングはいつでもいい。友人との会話のなかでその本のタイトルが出てきたとか、好きな作家が最新刊でその本について言及していたなど、何がきっかけでも構わない。

再読することにより、かつて自分が感動した部分、共感した部分、大切だと思った部分が思い起

再読の勧め

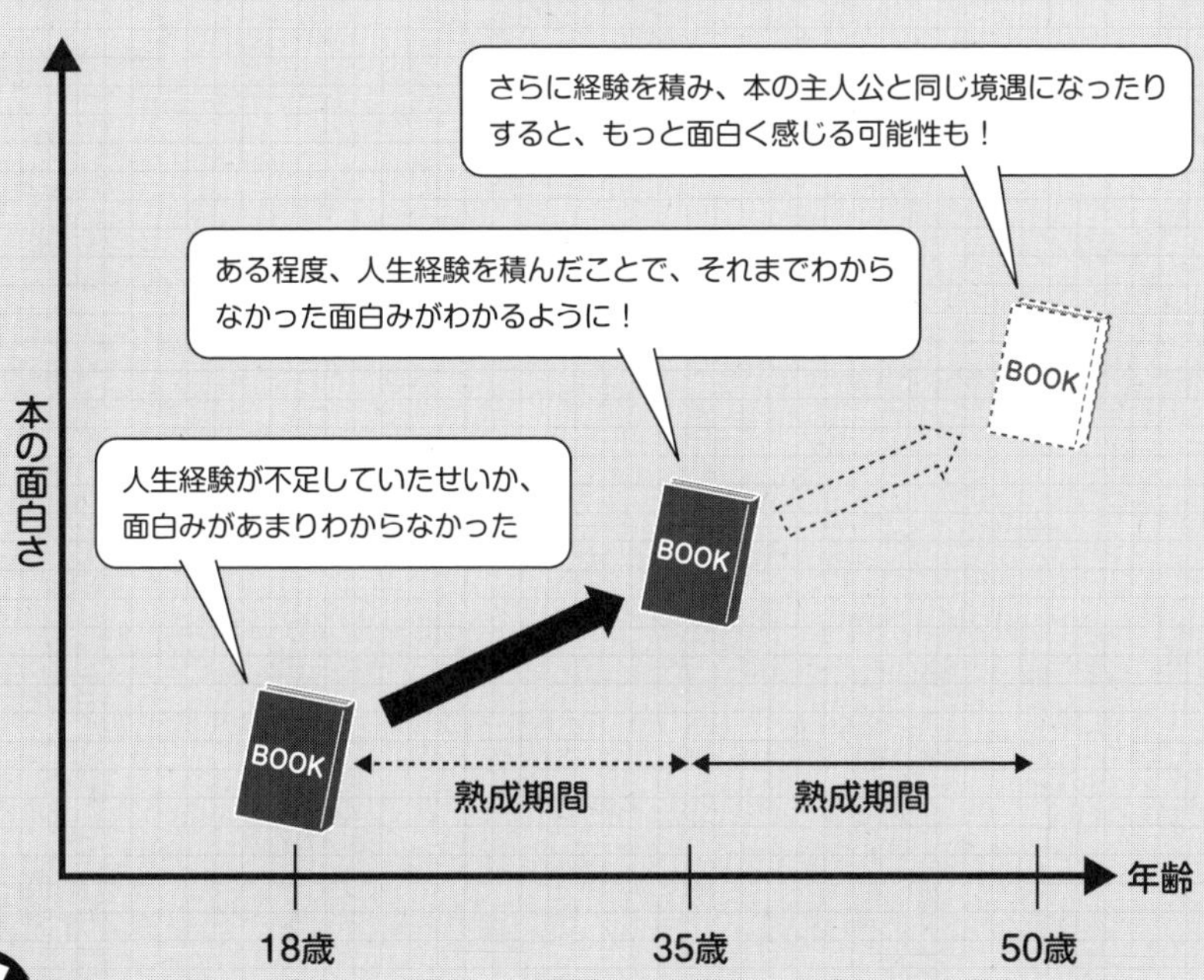

本の面白さ
さらに経験を積み、本の主人公と同じ境遇になったりすると、もっと面白く感じる可能性も！
ある程度、人生経験を積んだことで、それまでわからなかった面白みがわかるように！
人生経験が不足していたせいか、面白みがあまりわからなかった
BOOK
BOOK
BOOK
熟成期間
熟成期間
年齢
18歳
35歳
50歳

本は適度な熟成期間を置いてから読み返すと、印象が大きく変わる

こされる。それと、今の自分が感動し、共感し、大切に思う部分が同じなのか、違うのかを比べてみれば、新しい自分に気づくのではないか。

時を越えて同じ本を読んで感じたことの違いは、自分自身の成長の跡といえる。つまり、本の熟成期間は自分自身の熟成期間でもあるのだ。

本とこうした付き合い方ができれば、その本は自分自身のかけがえのないパートナーにもなり得るだろう。

最近は、読んだ本をそのまま古本屋に売ってしまう人が多いらしい。それもひとつの考え方だが、再読のためにも読み終わった本は一定期間、書棚にストックしておくようにしたい。

Essence 14

無理して読み続けても意味がない

休憩をとることが効果的な読書のカギになる

疲れたら無理せずに休む

できるだけ多く本を読もうとするあまり、自由時間をひたすら読書にあてている人がいる。もちろん、これは悪いことではないが、少しでも苦痛を感じたらひと休みしたほうがいい。

なぜなら、ただダラダラと本を読み続けていても、その内容は決して頭に入ってこないからだ。疲労や不快を感じながら読み続けると、本の内容が歪《ゆが》んで見えてしまう可能性すらある。

読み疲れたなと感じたら、本を置いて、一旦休憩する。短い休憩が脳と心をリフレッシュさせ、また本への集中力を高めてくれることだろう。

「先へ、先へ」「早く、早く」と、焦る必要はまったくない。むしろ、休憩をとることもスロー・リーディングの手法のひとつだと考えるのである。

ゆっくり読んで記憶に残る読書を

確かにスロー・リーディングを実践すると、1冊読了するまでに時間がかかる。

だが、人間の脳というものは情報をたくさん詰め込めばいいという構造にはなっていない。最近の脳の研究で、人間の記憶の定着には睡眠が欠かせないことがわかっているのだ。

試験勉強では、徹夜で勉強してそのままの状態で翌日試験を受けるより、勉強時間が減ったとしても睡眠をとった状態で試験を受けたほうが結果がよいという報告がなされている。

読書もこれと同じで、寝る時間を惜しんで本を読んでも、記憶の定着が悪くなるだけである。焦らずじっくりと、記憶に残る読書、印象に残る読書を心掛けたい。

休憩することを恐れない

Bad Case

ダラダラと長時間読書を続ける

12
9
3
6
あー、もう午前3時過ぎだ。でももう少し読もう…

集中力が持続せず、本の内容もなかなか頭に入ってこない

Good Case

疲れたら読書をやめて休憩する

12
9
3
6
よし、今日はここまでにしてもう寝よう

きちんと睡眠をとったうえで読書すれば、記憶の定着もよくなる

疲れたりイヤになったら我慢せずに休憩する

〈プロフィール〉

成毛 眞（なるけ・まこと）

1955年北海道生まれ。中央大学商学部卒業後、自動車部品メーカー、株式会社アスキーを経て、マイクロソフトに入社。1991年に同社代表取締役社長に就任する。2000年に退社後、投資コンサルティング会社インスパイアを設立。現在同社取締役ファウンダーのほか、早稲田大学ビジネススクール客員教授、書評サイトHONZ代表などを務める。

松山真之助（まつやま・しんのすけ）

1954年岐阜県生まれ。名古屋大学工学部大学院修了。大手航空会社勤務の後、現在は「Webook」編集長、ジェイカレッジ校長、K.I.T.虎ノ門大学院客員教授、東京藝術大学非常勤講師などを務める。1997年以来発行し続けるビジネス系書評メールマガジン「Webook of the day」は、国内外に１万５千人以上の熱いファンを持つ。

藤井孝一（ふじい・こういち）

1966年千葉県生まれ。株式会社アンテレクト代表取締役。慶應義塾大学文学部卒業後、大手金融会社でマーケティングを担当。アメリカ駐在から帰国後、中小企業と起業家の経営コンサルタントとなる。また、ビジネスパーソナル全般の知識武装のサポートのために著作やメルマガなどで情報発信を続けている。

中島孝志（なかじま・たかし）

1957年東京都生まれ。早稲田大学政治経済学部卒業、南カリフォルニア大学大学院修了後、PHP研究所、東洋経済新報社を経て独立。現在、経済評論家、経営コンサルタント、作家、出版プロデューサーとして活躍。毎日更新の音声書評サイト「聴く！通勤快読」が好評を博している。

平野啓一郎（ひらの・けいいちろう）

1975年愛知県生まれ。北九州出身。京都大学法学部卒業。1999年在学中に文芸誌「新潮」に投稿した『日蝕』により第120回芥川賞を受賞。著書は『葬送』『滴り落ちる時計たちの波紋』『決壊』『ドーン』『かたちだけの愛』『モノローグ』（エッセイ集)、『ディアローグ』（対談集）など。近著は、新書『私とは何か「個人」から「分人」へ』、長篇小説『空白を満たしなさい』。

賢人の読書術

2013年5月10日　第1刷発行

監　修　成毛眞　松山真之助　藤井孝一　中島孝志　平野啓一郎
発行人　見城徹
編集人　福島広司

発行所　株式会社 幻冬舎
〒151-0051　東京都渋谷区千駄ヶ谷4-9-7
電話　03（5411）6211（編集）
03（5411）6222（営業）
振替00120-8-767643
印刷・製本所　株式会社 光邦

検印廃止

ISBN978-4-344-90268-8　C2095
Printed in Japan
幻冬舎ホームページアドレス　http://www.gentosha.co.jp/
この本に関するご意見・ご感想をメールでお寄せいただく場合は、comment@gentosha.jpまで。